KB112447

치킨인류

■ 이 도서의 국립중앙도서관 출판예정도서목록(CIP)은
서지정보유통지원시스템 홈페이지(http://seoji.nl.go.kr)와
국가자료공동목록시스템(http://www.nl.go.kr/kolisnet)에서 이용하실 수 있습니다.
(CIP제어번호: CIP2019022373)

인류의 식탁을 바꾼 새를 탐험하다

치킨인류

이욱정

마음산책

치킨인류

1판 1쇄 인쇄 2019년 6월 15일
1판 1쇄 발행 2019년 6월 20일

지은이 | 이욱정
펴낸이 | 정은숙
펴낸곳 | 마음산책

편집 | 최해경 · 최지연 · 이복규   디자인 | 이혜진 · 최정윤
마케팅 | 권혁준 · 김종민   경영지원 | 박지혜

등록 | 2000년 7월 28일(제13-653호)
주소 | (우 04043) 서울시 마포구 잔다리로 3안길 20
전화 | 대표 362-1452 편집 362-1451   팩스 | 362-1455
홈페이지 | http://www.maumsan.com
블로그 | maumsanchaek.blog.me
트위터 | http://twitter.com/maumsanchaek
페이스북 | http://www.facebook.com/maumsanchaek
전자우편 | maum@maumsan.com

ISBN 978-89-6090-584-9 03900

* 책값은 뒤표지에 있습니다.

지난 4000년 동안 인간의 곁에는 닭이 있었다.
날개는 있지만 하늘을 날 수 없는,
그래서 어쩌면 우리 인간의 운명을 닮은 새.
백색의 고기, 닭은 요리하는 인류에게
또 다른 날개를 달아주었다.

치킨 오디세이는 이렇게 시작되었다

'치느님', 미국식의 프라이드치킨을 의미하는 이 매력적인 음식은 한국인에게 국민적 숭앙의 대상이 되었다. 김치도 냉면도 감히 넘보지 못했던 최고의 지위에 등극했다. 그런데 1인당 닭고기 소비 관련한 국제 통계를 찾아보면 의외의 결과에 놀란다. 한국의 1인당 닭고기 소비량은 세계 랭킹 상위 20위 안에도 들지 못한다. 미국, 브라질, 아르헨티나, 싱가포르, 남아공, 중동의 여러 국가들이 우리보다 많게는 2~3배 이상의 닭고기를 소비한다. 오늘날 인류는 소, 돼지, 양 등 어떤 육류보다 닭고기를 많이 소비하고 있고 그 추세는 더 가속화하고 있다. 이른바 '치느님' 현상은 한국에만 해당되는 것이 아닌 실로 글로벌한 트렌드인 것이다.

호기심의 시작은 몇 가지 단순한 질문에서 출발했다. 왜 인류는 닭이라는 새를 이토록 많이 키우고 많이 먹게 되었을까? 세상에는 얼마나 다양한 닭 요리가 존재할까? 요리하는 인류에게 닭고기라는 식재료는 어떤 가능성을 지닌 것일까? 문화권별로 사람들은 닭을 어떤 동물로 생각할까?

　전 지구적 차원의 치킨 열풍을 파헤치기 위한 탐사 작업은 세 가지 차원으로 계획했다. 첫 번째는 동물로서의 닭에 대한 이야기다. 어떻게 닭이라는 야생의 새가 인류의 최대 가축이 되었고, 전 세계로 확산될 수 있었는가에 대해 탐구해보는 시도다. 두 번째 차원은 식재료로서의 닭고기와 인류의 다채로운 닭 요리법에 대한 접근이다. 특히 프라이드치킨이라는 특정한 조리법이 어떻게 세계인의 입맛을 사로잡을 수 있게 되었나를 추적해본다. 마지막 차원의 탐색은 동물로서의 닭, 요리 대상으로서의 닭고기가 지니고 있는 상징성과 의미 체계에 대해 보다 근원적인 질문을 던져보는 것이다.

　어느 날 닭이 사라진다고 가정해보자. 치킨 마니아에게도 끔찍한 상황이지만 지구환경의 측면에서도 큰일이다. 만약 닭을 돼지로 대체해야 한다면 지금보다 10억 마리 넘는 돼지가 더 필요하다. 게다가 동일한 무게의 고기를 얻기 위해서는 돼지는 닭보다 더 많은 먹이를 먹어야 한다.

　소고기는 어떨까. 같은 무게의 소고기를 얻으려면 지구 전체 양계장 면적의 10배가 넘는 땅을 써야 한다. 이것은 중국과 인도를 합친 것보다 더 광활한 면적이다. 사료는 무려 8배가 더 필요하다. 닭의 배설물은 친환경 비료로 재활용될 수도 있다. 게다가 소가 트림과 방귀로 배출하는 온실가스 양은 닭이 배출하는 것의 4배에 달한다. 지구온난화는 가속화할 것이 분명하다.

한 마리의 암탉이 연간 100여 마리 병아리를 낳는다. 얼어붙은 러시아 북부에서 사하라 사막까지 인간이 거주하는 거의 모든 지역에서 닭은 탈 없이 생존할 뿐 아니라 빠르게 번식하고 성장할 수 있다. 닭은 지구환경적으로도 뛰어난 가치를 갖지만 저렴한 값에 고급 단백질을 제공하는, 인류에게 없어서는 안 될 존재다.

닭고기 마니아인 내가 닭에 대한 책을 쓰기로 한 것은 당연한 수순이었다. 어릴 적 우리 집에는 특별한 닭 요리가 있었다. 어머니는 친구들이 오는 날은 불고기 양념한 닭다리와 날개를 버터와 함께 오븐에 구워주셨는데 모두가 좋아하는 별미였다. 인도에서 아프리카와 중남미까지 〈요리인류〉 다큐를 제작하기 위해 많은 나라를 다니면서 언제나 가장 즐겨 먹는 육류도 닭고기였다. 전 세계 어디를 가도 닭 요리는 나를 실망시킨 적이 없었다. 그렇게 치킨 요리를 사랑했음에도 막상 살아 있는 닭을 제대로 만져보고 온전히 관찰한 적은 없었다. 닭은 그저 맛있는 식재료였을 뿐이다.

구대륙과 신대륙을 오갔던 '치킨 오디세이'의 여정을 통해 닭이 한때 밀림 속을 뛰놀던 야생의 새였다는 사실을 생각하게 되었고 접시에 오르는 고기 이상의 문화적 의미를 갖는다는 것을 배우게 되었다. 밥상에 오른 음식들을 찬찬히 살펴보자. 우리가 요리하고 먹고 마시는 모든 것은 예외 없이 무생물이 아닌 살아 있는 생명이다. 식탁에 펼쳐진 끝없는 생명의 사슬. 너무나 단순하지만 가장 근본적인 이 사실을 우리는 잊은 채 '무한식탐'의 시대를 살고 있다. 이 책을 통해 내가 공유하고 싶었던 깨달음이 하나 있다면 바로 그것이다.

흥미로웠던 치킨 탐험은 여러 분의 각별한 후원이 있었기에 가능했다. 먼저 〈치킨인류〉 다큐멘터리 제작을 물심양면으로 지원해주셨던 ㈜우아한형제들의 김봉진 대표, 환상적인 파트너였던 매거진 〈F〉와 지구 끝까지 같이해준 〈요리인류〉 제작팀, 책 작업을 도와준 강윤희 님 그리고 마음산책 분들께 감사드리고 싶다.

2019년 6월

이욱정

차 례

닭을 보면 문화가 보인다

지금 이곳의 닭을 말하다

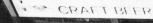

일러두기

1. 이 책에 수록된 사진의 출처를 밝히지 않은 것은 모두 저자 것이다.

2. 외국 인명·지명·음식명 등은 외래어표기법을 따르되 현지 발음을 포함한 관용적 표기도 함께 썼다.

3. 신문·잡지·방송·공연·영화·노래 제목은 < >로, 단편 제목은 「 」로, 장편·책 제목은 『 』로 묶었다.

각 민족의 역사, 문화를 넘어
한 개인의 역사까지 담아낸 치킨은
그야말로 전 세계의 식문화를
한번에 볼 수 있는 코드와도 같다.

뉴욕 유대인지구에서

　새벽 비행기에서 내려 어두운 밤을 뚫고 달려간 곳은 뉴욕의 한 골목, 아직 새벽 어스름도 내리지 않은 밤거리에 거대한 트럭이 줄을 지어 들어온다. 트럭의 문이 열리자 그 안에 있는 것은 수천 수만 마리의 살아 있는 닭들. 태어나서 처음 보는 수많은 닭이 뉴욕의 밤거리 한복판에 내려지고 있다.

　푸드덕거리는 닭을 내리는 이는 키파를 쓴 유대인. 찾아간 곳은 브루클린의 크라운하이츠 지구, 유대인 가운데서도 독실하게 유대교의 율법을 지키며 사는 이들이 밀집한 지역이다. 오늘은 그런 유대인에게 가장 중요한 날인 '욤키푸르'다.

　　일곱째 달 열흘 날은 속죄일이니
　　너는 전국에서 뿔나팔을 크게 불지며
　　-『레위기』25장 9절

　신년 아홉 번째 날 해 질 무렵 시작되어 열 번째 날 해가 질

때 쇼파르(양각 나팔) 소리가 울려퍼지며 끝나는 욤키푸르는 유대인에게는 엄숙한 날인 성스러운 대속죄일이다. 1년 가운데 가장 의미 있는 날을 맞아 광장에는 닭의 수만큼이나 많은 유대인으로 발 디딜 틈이 없었다.

이들이 큰 닭장 차 앞에 줄을 지어 살아 있는 닭을 한 마리씩 산다. 남자든 여자든 모인 모두가 닭을 들고 있는 듯하다. 거대한 닭장 차가 뉴욕 한복판에 서 있는 이유가 이것이었다. 닭을 산 이들은 곧 닭의 두 다리를 묶은 뒤 머리 위로 높이 치켜들고 닭을 돌리면서 기도를 한다.

이것은 나와 바꾸었으며
이것은 나를 대신했으며
이것은 나의 속죄다.
이 닭은 사망에 이르고
나는 평안하고
오래 건강하게 산다.

이는 욤키푸르의 하이라이트인 속죄 의식 '크파롯'. 새벽 4시에서 아침 8시 사이 남자들은 수탉을 여자들은 암탉을 준비해 닭의 다리를 묶어 머리 위에서 아홉 번 닭을 돌리며 기도를 한다. 자신의 죄를 닭에게 전가하는 의식, 닭이 사람 대신 속죄를 위한 제물로 바쳐지는 것이다.

의식이 끝난 닭은 대기하고 있는 유대교의 훈련받은 전문 도

치킨인류

살자 '쇼헷'의 손에 죽는다. 머리 위에서 돌아가는 닭들 그리고 그 옆에서는 쇼헷의 손아귀에 잡힌 닭이 정맥에서 피를 뿜어내며 죽어간다. 피를 생명의 본질로 보아 먹는 것을 금지한 성경의 구절을 지키기 위해 짐승을 도살할 때 날카로운 칼로 목에 있는 정맥을 한번에 끊는 코셔Kosher 방식을 고수하는 유대인.

왜 유대인은 하고많은 동물 가운데 사람 대신 닭에게 죄를 뒤집어쓰게 하고 제물로 바쳤을까?

인류가 이토록 사랑한 새는 어디서 왔을까?

닭의 조상을 찾아서

세계에서 두 번째로 큰 새,
에뮤에 쫓기다

"PD님, 이러다 곧 쪼이겠어요!"

"다 같이 팔을 번쩍 들어!"

이곳은 오스트레일리아 퀸스랜드, 광활한 초목이 펼쳐진 에뮤 농장이다. 오스트레일리아 고유종으로 오스트레일리아에서는 가장 크며 평흉류平胸類의 새 가운데서는 타조 다음으로 큰 에뮤. 이 녀석은 180센티미터가 넘는 키에 60킬로그램에 육박하는 육중한 몸, 거기에 최대 시속이 70킬로미터에 달하는 엄청난 '스펙'을 자랑한다. 닭의 조상을 찾기 위해 나선 여정, 원시적인 조류로 꼽히는 에뮤 농장에 취재하러 왔지만 액션 영화를 방불케 하는 촬영 상황에 부닥쳤다.

현대의 호주인이 가장 선호하는 고기는 단연코 닭고기다. 1인당 연간 닭고기 소비량이 42킬로그램에 달한다. 하지만 1800년대 유럽인이 들어오기 전, 오스트레일리아에는 닭이 없었다. 오스트레일리아 토착민은 에뮤나 꿩 등 다른 고기를 먹었고 유럽인이 닭을 들여온 뒤에도 특별한 날이나 일요일의 런치 메뉴로 소비되는 특별한 음식이었을 뿐 이렇게 대중적인 식재료가 아니었다. 닭고기가 호주를 점령하는 데까지 걸린 시간은 고작 반세기, 1960년대 호주의 1인당 닭고기 연간 소비량이 7킬로그램인 것에 비하면 비약적인 발전인 셈이다.

현대인은 닭이 다른 가축보다 사료를 고기로 전환하는 비용에서 효율적이라는 것을 깨닫고 닭고기의 영양 및 관리 개선, 축산 전략을 연구하고 생산성이 좋은 닭 품종으로 개량하면서 닭고기의 가격을 획기적으로 줄여나갔다. 그 결과 지금 인류는 닭고기를 역사상 어느 시대보다도 저렴한 가격에 먹을 수 있게 된 것이다. 여기에 닭고기 산업 분야에서 닭고기로 만들 수 있는 다양한 제품을 개발한 데다 영양학적으로 우수하다는 것이 밝혀지며 그야말로 현대는 '닭고기의 시대'가 되었다.

나는 공룡의 후손, 닭의 조상이라 부를 만한 에뮤를 실제로 보고 닭과 무엇이 다른지, 어째서 닭처럼 가장 널리 사랑받는 가축이 되지 못했는지를 알아보기 위해 이곳에 왔다.

그런데 촬영 시작부터 예상치 못한 일들이 벌어지기 시작했다. 농장 주인의 안내를 따라 높은 철망으로 둘러싸인 울타리 안으로 들어갈 때만 해도 괜찮았다. 그런데 자신의 영토 안으로 인간의 무리가 들어오자 처음에는 멀찌감치 거리를 두던 에뮤들이 주위로 하나둘씩 몰려들기 시작했다. 희번덕 빛나는 검고 큰 눈, 뾰족한 부리와 큰 벼슬, 회갈색 깃털에 두터운 다리의 에뮤는 가축이 아니라 다루기 힘든 야생동물에 가까워 보였다. 공격성이 강한 에뮤는 자기보다 키가 작은 생명체라면 무조건 쪼고 보는데 그 부리는 또 얼마나 날카롭고 쪼는 힘은 얼마나 센지 한번 쪼이면 살이 터지고 피가 났다. 이런 에뮤의 공격을 피하기 위한 방법은 단 하나, 에뮤보다 커 보이기 위해 두 팔을 번쩍 드는 것. 하지만 한두 마리가 아닌 200여 마리가 넘는 거대한 새들이 몰려들자 이 짓도 소용없어 보였다. 더 있다가는 무슨 일이 벌어질지 몰라서 최대한 속도를 내서 촬영을 진행하려는 찰나, 농장 주인이 잠깐 처리할 일이 있다고 금방 돌아오겠다고 하고는 울타리 밖으로 혼자 나가는 것이 아닌가. 달랑 나와 촬영감독만 남겨두고.

"PD님, 무서워요, 렌즈 코앞까지 왔어요."

농장 주인인 스티브가 자리를 뜨자 에뮤들이 더 기세가 등등해져서 코앞까지 다가오기 시작했다. 〈치킨인류〉 다큐 촬영인지 〈쥬라기 공원〉 현실 체험인지, 일단 울타리 밖을 빠져나가고 보자는 생각에 재빨리 스티브가 남겨두고 간 삼륜 오토바이에 올라탔다. 그런데 오토바이가 소리를 내서 달리자 멀찌감치 구경하고 서 있던 에뮤까지 떼로 나를 뒤쫓기 시작했다. 이 녀석들은 멍청한 건지 겁이 없는 건지, 아니면 둘 다인지 모르겠으나 오토바이 경적을 아무리 울려대면서 돌진해도 도무지 비킬 생각을 안 했다. 지그재그 운전으로 정면의 에뮤들을 피해가면서 미친 듯이 도망가는데 사냥 본능에 달아오른 괴조들이 바로 등 뒤까지 추격해 오는 것이 아닌가.

위기의 순간 스티브가 갑자기 구세주처럼 나타났다. 그가 새들에게 팔을 위협적으로 휘두르면서 큰 소리로 괴성을 질러대

자 신기하게도 날뛰던 에뮤들이 슬슬 뒷걸음질을 치더니 흩어
졌다.

날지 못하는 대형 조류 에뮤는 평소에는 경보하듯이 걸어 다
니지만 필요하면 속도를 내 달릴 수 있으며 수영 또한 실력자
다. 무리를 지어 방랑하며 먹이를 찾기 위해 장거리 이동을 할
수 있고 다양한 식물과 곤충류를 먹는다. 호주 곳곳에 분포하는
에뮤는 인구가 밀집한 지역이나 빽빽한 산림을 피해, 우기를 제
외하고는 너무 메마른 지역은 피해 생활한다. 나무가 있는 사바
나, 덤불, 사방이 트인 초원 등지가 그들의 주 서식지다.

스티브 슈미트가 소유한 호주 최대이자 퀸스랜드 유일의 에뮤 농장인 '에뮤헤븐'에는 현재 1800마리의 에뮤가 함께 생활하고 있다.

14년 가까이 에뮤를 키운 스티브이지만 이 큰 몸집의 야생조를 다루는 건 쉽지 않아 보였다. 다가가 푸드덕푸드덕 저항하는 에뮤를 양팔로 붙잡아 보여주려는데 에뮤의 힘이 얼마나 센지 건장한 체구의 그도 휘청거릴 정도였다.

"이것 봐요, 귀엽죠?"

"근데 정말 크네요, 지금 이게 다 자란 거죠?"

"아니요, 이제 14개월 정도 됐어요, 40킬로그램 정도죠. 다 자라면 60킬로그램쯤 됩니다."

아무리 봐도 적응이 안 되는 크기의 에뮤, 그런데 그 크기에 맞지 않게 날개는 앙증맞다. 에뮤는 날개가 작기에 날지 못하는데 인류에게는 다행이라고 할 수 있다. 에뮤가 다 크는 데는 3년, 빠른 속도로 성장하는 닭에 비하면 아주 오랜 시간이다. 알이 부화되기까지 걸리는 시간만도 60일이다.

특이한 것은 암컷이 낳은 알을 수컷이 품는다는 점이다. 60일 가까이 꼼짝 않고 앉아 알을 품고 있을 수컷 에뮤를 생각하니 그 부성애가 눈물겹기만 하다. 가슴이 상대적으로 큰 것이 암컷으로 수컷을 유혹할 때 내는 소리가 꼭 오토바이 엔진 소리 같다. 에뮤의 머리와 목은 깃털이 거의 없어 연한 푸른색 피부가 드러나는데 번식기 동안 암컷은 이 부분의 피부가 더욱 파랗게 변한다.

"아얏!"

카메라 인터뷰 중이던 스티브가 소스라치게 놀란다. 어느덧 옆에 다가온 에뮤가 스티브의 팔을 쪼았던 것이다. 그리고 이내 주르륵 빨갛게 흐르는 피. 당황한 제작진과는 달리 스티브는 애써 태연하게 피를 닦아내고 웃는다.

"괜찮아요, 매일 있는 일이지요."

도대체 이렇게 공격적인 새를 어떻게 키우는 걸까? 오스트레일리아 내에서도 아무나 에뮤를 키울 수는 없다. 사람에게 위협적인 동물이기에 에뮤를 키우기 위해서는 라이선스를 발급받아야 한다. 게다가 밀폐되거나 작은 공간에 갇혀 있는 걸 싫어해 넓은 초원이 필요하다.

"에뮤를 닭처럼 트럭으로 옮길 수도 있나요?"

"불가능해요, 어린 새끼라면 가능하지만 조금만 자라면 힘듭니다. 서로 밟고 올라가서 트럭을 뛰어내려버리니까요. 저도 처음 농장을 시작하고는 에뮤를 키워 살아 있는 채로 팔 방법을 많이 고민했어요. 에뮤 크기에 맞는 박스에도 넣어보고, 그런데 도무지 힘들더라고요. 그래서 농장 바로 옆에 에뮤를 잡을 수 있는 도축장을 만들었죠. 여기에서 바로 고기로 공급할 수 있도록요."

닭이 에뮤를 제치고 집집마다 키우는 가축이 된 이유가 쉽게 짐작 가능하다. 그런데 에뮤 고기가 맛이 있을까?

"그럼요, 게다가 에뮤의 알도 달걀보다 맛있어요."

스티브가 에뮤 고기와 알을 이용한 요리를 맛보여주겠다며 팬을 들고 온다. 한 손으로 들기 위태해 보이는 에뮤의 알은 달 걀 크기의 10배를 훌쩍 뛰어넘는다. 지름이 13센티미터가량 되는 거대한 초록 알을 보며 이 안에 공룡이 들어 있는 건 아닐까 잠시 생각했다.

"양이 많아서 달걀처럼 프라이를 하기엔 시간이 너무 오래 걸려요. 간단한 스크램블을 만들어보죠."

알을 깨니 큰 볼에 가득, 이걸 잘 풀어 버터를 녹인 팬에 붓는다. 팬에서 지글지글 익어가는 모습과 고소한 내음이 침을 삼키게 한다. 에뮤의 알은 조리하면 굉장히 부드러워서 크림이나 우유를 더할 필요가 없다. 능숙한 솜씨로 '스크램블드에뮤에그'를 만들어낸 스티브.

기대 반 호기심 반으로 입안에 넣자 탄성이 절로 나온다. 소금으로만 간했을 뿐인데 부드럽고 고소한 스크램블의 풍미가 가득 찬다. 스티브는 미리 손질해둔 에뮤 고기도 가지고 나온다. 지방이 적어 담백한 에뮤 고기에 맛을 더하기 위해 스파이시한 양념에 재운 것을 꼬치에 끼워 그릴에 구워 먹는다. 소고기보다 쫄깃한 식감에 비린내 없이 깔끔한 맛을 자랑하는 에뮤 고기.

200여 년 전까지만 해도 호주에선 닭보다 에뮤 고기를 더 많이 먹었다고 한다. 하지만 아무리 에뮤 고기의 맛이 훌륭하다 해도 가축화하기에는 닭처럼 용이하지 않았고 번식력과 운반 측면에서도 단점이 많았다. 무엇보다 인간보다 몸집이 큰바 공격성 때문에 다루기가 힘들었다. 가장 널리 쓰이는 것이 언제나 가장 좋은 것은 아니다. 닭은 에뮤 또는 다른 몸집 큰 동물들에 비해 인간이 다루기도 편했고 휴대하기도 용이했기에 지구 곳곳으로 확산될 수 있었다.

대지의 재료로 요리하는
호주의 원주민

처음 들어보는 아름다운 멜로디다. 한 여성이 노래를 부르기 시작하자 남성이 나무 막대 두 개를 문지른다. 주위를 둘러싼 이들은 발을 구르며 춤을 춘다. 막대를 문지르길 십여 분이 지나자 그제야 나무 끝에 불이 붙는다. 이 모든 과정이 신성하면서도 아름다운 분위기 속에 진행된다. 이들은 호주의 원주민 아보리진aborigine. 18세기 유럽인에 의해 식민지로 개척되기 전 오스트레일리아에 거주하던 원주민인 아보리진은 지금은 그 수가 격감해 20만여 명 정도만이 남아 있다.

"우리에게 불을 피우는 것은 중요한 의식이에요. 우린 불을 존중하고 불에서 나오는 연기는 우리의 정신을 정화시키고 망자들을 평화롭게 쉴 수 있도록 해주죠."

아보리진의 전통을 계승해 요리를 하는 요리연구가 델 채프먼이 불을 붙이는 과정을 설명한다. 델 체프먼은 디란반디에서 태어난 쿠마 부족의 원주민 여성으로 고대 호주 음식인 부시터커Bush Tucker의 전통을 지키고 현대식으로 변형해 전수 교육을 하며 도시 안에서 사라져가는 아보리진의 전통과 문화를 계승하고 알리고자 힘쓰고 있다.

"불을 붙이면서 부르던 노래는 무엇인가요?"

"〈요가〉, 우리 부족 말로 '달로'라고도 해요. 달로는 불을 의미하죠. 불을 지피는 일이 어렵고 중요한 일이기 때문에 우리에게 달로가 와달라고 노래를 부르며 힘을 북돋습니다. 다 함께 노래를 부르고 리듬을 타면서 막대를 문지르는 사람에게 영감을 주고자 하는 거죠."

유럽인이 들어오기 전 기후 변화가 적고 식량이 풍부한 해안지대에 살던 아보리진은 시간이 지나며 대부분 현대 사회와 자연스럽게 섞여들어 살고 있지만 아직 소수의 아보리진은 현대 문명을 거부하고 수렵, 채집 등 전통적인 형태를 고집하며 내륙 깊숙한 산속에서 생활한다. 이들의 음식을 가리키는 '부시터커'는 '미개한 원주민의 음식'이라는 뜻으로 약 5만 년 동안 오스트레일리아 원주민이 먹던 음식이다. 현대 호주의 음식 가운데 많은 것이 부시터커의 음식에 유럽인의 식문화가 더해져 탄생했다. 원주민이 즐겨 먹던 과일은 잼, 소스, 처트니chutney, 과일 혹은 채소, 식초, 향신료 등을 넣어 버무린 달콤새콤한 맛의 인도 조미료, 디저트 등을 만드는 데 활용되고 토착 식물의 잎이나 줄기를 이용한 향신료는 아이스크림이나 음료의 재료가 되었다. 오랫동안 원주민의 음식으로 금기되어온 부시터커는 최근 들어서는 건강에 좋은 음식으로 인식되며 파인다이닝에 등장하기도 한다.

"전 네 살 때부터 저 뒤에 보이는 불로 요리했어요. 아보리진

치킨인류

부족에게 불은 매우 중요한 것이기에 새로이 불을 피우기도 하지만 불씨를 꺼뜨리지 않고 집안 대대로 지켜오며 요리하기도 하거든요."

"현대화된 도시에서 아보리진 전통의 요리를 한다는 것은 당신에게 어떤 의미인가요?"

"어렸을 때부터 엄마, 아빠, 조부모님과 함께 요리하는 걸 좋아해 고등학교를 졸업한 뒤 요리사가 되었죠. 요리는 제가 한 일 가운데 가장 잘한 일이자 가장 좋아하는 일이에요. 원주민식 요리야말로 저의 기원이라고 할 수 있죠."

아보리진 고유의 원주민식 요리는 5만여 년의 역사를 지니고 있다. 그만큼 우리에게는 생소한 호주의 토착, 재래종 재료가 잔뜩이다. 채프먼이 건넨 이파리 하나를 입에 넣고 씹자 신기하

게도 짠맛이 올라온다.

"부시 소금이라고 하는 거예요. 아주 오래전부터 아보리진이 요리에 짠맛을 내기 위해 쓰던 잎이죠. 소금 대신 이 잎을 쓰거나 아니면 메리강에 가서 핑크색을 띠는 소금을 채취해 오기도 해요."

엄청나게 큰 초록 솔방울처럼 생긴 열매도 눈에 띈다. 채프먼이 열매 위쪽 껍질을 자르자 안에 거대한 잣처럼 생긴 견과류가 잔뜩 들어 있다.

"이건 번야너츠라는 거예요. 북쪽 사우스웨일과 퀸스랜드 지방서 나는 견과류로 아보리진이 즐겨 먹는 재료죠. 요리를 할 때는 전체를 불에 넣고 구워서 껍질을 까고 먹어요. 이 갈색 껍질 보이시죠? 이걸 또 깨면 안에 이런 견과류가 나와요. 하나 드셔보실래요?"

큰 잣처럼 생긴 번야너츠를 받아들어 먹어보니 꼭 분 많은 감자, 아니면 밤과 비슷한 맛이 났다. 느끼할 줄 알았는데 담백하고 은은한 단맛이 올라오는 것이 익히지 않아도 맛있어 주식으로 먹어도 되겠다 싶다. 견과류지만 탄수화물이 많이 함유되어 아보리진의 주 탄수화물 공급원이 되었다. 지금은 글루텐 프리 식재료로 재조명받고 있기도 하다.

인류의 다양한 식문화에 관한 다큐멘터리를 만들면서 배우는 것 가운데 하나는 세상에는 우리가 알고 있는 식재류보다 훨씬 다양한 종류의 채소와 과일이 있다는 사실이다. 쌀과 밀가루와 옥수수 등등 현대 사회에서는 호주의 식탁이나 뉴욕의 식탁이나 중국의 식탁 위에 올라오는 재료가 비슷비슷하다. 하지만 그것은 오래전 농업 혁명의 결과이며, 가까이는 종자 개량과 전 지구적 규모의 농업 현대화의 소산이다. 오래전의 세계에서는 각 지역, 민족별로 다양한 음식 수만큼 다채로운 식재료가 존재했다. 핑거라임, 카카두 자두, 레몬 에스펀, 부시 토마토 그리고 신기하게도 딸기 맛이 나는 천연 딸기 검까지 채프먼이 보여주는 식재료는 하나같이 독특하고 이국적이었다. 그렇다면 이들에게 에뮤 고기는 어떤 의미일까?

"유럽에 침략당하기 전에는 오스트레일리아 대륙엔 닭이 없었어요. 에뮤가 닭을 대신했죠. 에뮤 고기가 닭고기보다 맛이 더 진해요. 닭은 좀 단 편이고요. 닭이 없는 대신 메추라기도 먹었고 큰도마뱀도 닭과 비슷한 맛을 내요. 까치기러기도 정말 별미예요."

오리, 캥거루와 주머니쥐, 왈라비, 바늘두더쥐, 호주큰도마뱀, 악어 등 그 맛이 상상이 안 가는 고기들을 나열하면서 채프먼이 에뮤의 다리 살을 얇게 썰고 그 위에 과일 즙을 짠다.

"이건 데이비드슨 자두, 우리말로 '우레이'라고 해요. 매우 떫고 신 자둔데 이렇게 즙을 내 고기를 재우면 고기가 아주 부드러워져요."

5만여 년간 자연의 재료로 음식을 만든 덕에 이들은 다양한 열매와 이파리, 향신료를 어떻게 쓸 수 있는지 아주 잘 알고 있다. 채프먼은 재운 에뮤의 고기를 나무로 만든 꼬치에 끼운다.

"레몬머틀이라 부르는 나무예요. 잎과 가지에서 레몬과 라임

향이 나서 차로 우려 마시기도 하고 요리에도 사용해요."

곧 불에 그슬린 고기의 향과 레몬 내음이 뒤섞여 계곡에 먹음직스러운 냄새가 가득 찼다. 참지 못하고 레몬머틀에 끼워 구운 에뮤의 고기를 입에 넣었다. 레몬 향이 확 풍기는 부드러운 고기가 훌륭하다.

"저는 에뮤를 먹지 않아요. 이렇게 요리만 할 뿐이죠. 우리 가족에게는 에뮤가 토템이거든요. 집안마다 토템이 되는 동물이 달라요. 어떤 가족은 주머니쥐가 토템이기도 하고 어떤 가족은 캥거루가 토템이 될 수도 있죠. 토템이 되는 동물은 먹지 않아요."

에뮤를 먹지 않는 채프먼의 가족, 오랜 시간 아보리진과 자연이 공생하며 살아올 수 있었던 것엔 이런 토템 문화가 한몫했으리라. 부족 사이에도 서로 다른 동물을 토템으로 정해 식용하지 않고 보호한다면, 어떤 동물이 멸종되는 일은 없을 것이다. 특정 해산물이나 식재료가 인기를 끌면 무분별한 포획, 채집으로 결국 멸종해버리고 마는 현대와 비교가 된다.

"제가 어렸을 때는 집 뒷마당에서 에뮤를 애완동물로 키웠어요. 에뮤가 뒷마당을 뛰어다니며 우리를 공격했죠."

지방과 콜레스테롤이 적고 살코기가 대부분인 에뮤 고기는 훌륭한 단백질원이다. 살의 맛은 닭보다 진하고 부드럽기는 닭보다 덜하지만 데이비드슨 자두로 재우면 충분히 부드러워진다. 에뮤가 닭만큼 번식력이 좋고 이동시키기 용이했다면 지금 닭의 자리를 대신했을지도 모른다. 하지만 현대에는 아보리진조차 에뮤 고기를 먹기 쉽지 않다. 오늘날 대부분의 아보리진 식탁에는 일상적으로 구하기 쉽고 저렴한 닭고기가 올라간다. 200년 전 유럽인이 들여온 닭은 호주 전역에 번져 일상의 식재료가 되었고 비슷한 시기에 전 세계의 식탁으로 퍼져나갔다.

아시아, 유럽, 신대륙까지 어디에 살든 우리는 유사한 음식들을 먹고 마시고 있다. 불과 100~200여 년 전만 해도 대부분의 세상 사람들은 죽을 때까지 자기 나라 음식만 먹을 수 있었다. 다른 문화의 음식을 먹을 드문 기회가 있던 이들은 무역상, 선교사, 군인, 여행자 등 극소수에 지나지 않았다. 현대 사회의 세계화는 인류의 식탁을 닮은꼴로 뒤바꾸고 있다. 미국이든 남아프리카 또는 중국에 살든 비슷한 식재료를 가지고 유사한 레시피로 요리해서 먹는다. 이러한 동질화에 크게 기여한 가축이 바로 닭이다. 닭은 전 지구적인 확산 과정에서 어떤 가축도 하지 못한 동질화의 역할을 수행한다. 에뮤 고기가 사라지고 닭고기가 그 자리를 대신하게 된 것처럼.

그곳에
닭이 있었다

　우리는 종종 닭이 날개가 달린 새라는 사실을 잊곤 한다. 살아 있는 닭이 도축되는 장면을 보기도 어려워진 요즘은 더 그렇다. 닭은 그저 슈퍼마켓 냉장고 안의 벌거벗은 식재료일 뿐이다. 사육과 도축의 과정이 도시 밖 격리된 공간에서 대량으로 이루어지는 결과이기도 하고 반려동물 외에는 살아 돌아다니는 동물을 볼 기회가 없는 현대 도시의 환경 때문이기도 하다. 닭이 날개 달린 조류라는 사실을 새삼 떠올리다가 갑자기 닭의 조상이 될 만한 동물이 무얼까 궁금해졌다. 이 호기심에 매우 흥미로운 답을 해줄 학자가 있다.
　"여기 티라노사우루스의 뼈 구조를 보면 새와의 유사성이 상당히 많습니다. 세 개의 발톱이 다 앞을 향해 있는 것이 오늘날 비둘기나 닭 같아요."
　뉴욕 자연사박물관의 큐레이터이자 현존하는 척추고생물학사 가운데 가장 중요한 인물로 평가받는 마크 노렐 박사. 그는 현재의 조류가 살아 있는 공룡이라고 주장한다. 다시 말하면,

새의 조상이 공룡이라는 가설로 한 해외 매체에서 이것을 기사화하면서 위트 섞인 제목을 달았다. '공룡은 치킨 맛일까'라고.

일반적으로 공룡은 빙하기에 멸종했다고 생각하지만 공룡은 멸종하지 않고 새의 모습으로 진화해 지구에 남아 있다는 것, 이미 1800년대에 지질학자 에드워드 히치콕과 생물학자 토머스 헉슬리가 공룡의 뼈가 새와 똑 닮았다고 지적했지만 받아들여지지 않다가 1세기가 지난 뒤 미국 예일대의 존 오스트롬이 새와 수각아목의 유사성을 지적하며 '새가 바로 공룡이다'라는 학설이 주목받고 있다.

"공룡은 현재도 살아 있다는 사실을 받아들이는 것이 중요합니다. 적어도 1만 3000여 종, 즉 새의 종류만큼 현존하고 있는 것이죠."

공룡이 새의 조상이라는 것도 아니고 새가 곧 공룡이라니 대번에 받아들이지 못하자 마크는 나를 한 공룡의 화석 앞으로 데려갔다.

"이건 데이노니쿠스Deinonychus예요. 공룡 가운데 아마 오늘날 새와 가장 유사한 거예요. 조류에 매우 가까운 공룡이었어요. 시조새처럼 몸 전체에 깃털도 있었어요. 하지만 날 수는 없었어요. 포식자를 피하기 위해 땅에서 3미터 정도 떠올라 퍼득거리는 정도였죠."

새와 같은 뼈 구조에 깃털, 땅 위에서 조금 올라 퍼득거리는 모습이라면 바로 닭 아닌가. 인류의 허기를 채워주고 있는 것이 사실 공룡의 후손이라니.

"우린 늘 공룡을 먹고 있어요. 바로 닭이죠."

그 순간 내 머릿속에 떠오른 순수한 질문.

"그러면 공룡은 치킨 맛이었을까요?"

장난기 가득한 표정으로 마크가 대답했다.

"글쎄요, 그랬을지도 모르죠."

1억 년 전 지구에는 수각류로 불리는 공룡의 무리가 있었다. 이들의 특징은 다른 공룡들과 달리 깃털이 있었고 두 발로 날렵하게 뛰어 다니며 사냥을 했다. 이 수각류 공룡들이 오랜 진화 과정을 통해 탄생한 종이 바로 조류다. 부리, 깃털과 하늘을 날 수 있는 날개 등이 특징인 조류는 1만여 종이나 되는데 극소수 종은 날개가 퇴화되어 날지 못한다. 닭의 조상으로 여겨지는 적색야계도 그 가운데 하나였다.

뛰어난 번식력, 생존력, 다루기 적당한 크기 그리고 날아 도망갈 수 없다는 특징 때문에 닭은 인간의 가축이 되었고 이제 그 개체수가 400억 마리에 달한다. 이 숫자는 지구에 사는 모든 인간에 모든 가축과 개, 고양이 같은 애완동물을 다 합친 숫자보다 더 많은 수다. 종의 성공 여부를 개체수만 가지고 따진다면 닭은 인간을 이용해 세계 곳곳에서 번창할 수 있었다. 공룡은 멸종했지만 그 후손인 닭은 번창하며 사람들의 허기를 채워주고 있다. 지구는 어찌 보면 닭의 행성인 셈이다.

녹색야계,
닭의 조상을 찾아서

　그렇다면 오늘날 닭의 가까운 조상은 어떤 것일까? 인류가 가금화하기 전의 닭, 그러니까 닭의 조상으로 알려진 것은 5000여 년 전부터 인도 동북부, 태국, 인도네시아, 말레이시아, 중국 윈난성雲南省, 수마트라, 자바, 필리핀 등지에 분포되어 있던 야생 들닭이다.

　닭의 원류로 꼽히는 총 네 종의 야생 들닭은 적색야계red jungle fowl와 회색야계grey jungle fowl, 녹색야계green jungle fowl와 실론야계ceylon jungle fowl로 언제 어디에서부터 야생 들닭의 가축화가 이루어졌는지는 아직 학계의 뜨거운 논란거리다. 야생 들닭 가운데서도 적색야계의 원산지와 최초의 집닭이 남긴 흔적을 찾기 위해 고고학자들이 지층을 뒤지기 시작하며 인도와 파키스탄의 접경 지역 산속이 적색야계의 원산지라는 답이 나왔다. 그곳에서 가장 오래된 닭뼈가 발견되었는데, 방사성 원소 연대 측정법을 통해 4000년 전 살던 닭의 뼈로 확인되었기 때문이다.

　이후 중국에서는 최초의 닭을 사육했다는 타이틀을 차지하기 위해 닭뼈 찾기에 열을 올렸고, 1988년 중국 고고학자들이 중국 중부 지역에서 8000년 된 닭뼈를 찾았다고 주장했지만 금세 거짓말인 것이 들통 났다.

앤드루 롤러의 『치킨로드』이종인 옮김, 책과함께, 2015에 따르면, 독일 뮌헨대 인류학 및 고고해부학과 교수 요리스 페터르스는 당시 "그들이 지층의 연대를 파악하고 정작 닭뼈의 연대는 측정하지 않았다"며 "그들이 주장한 닭뼈는 실제로 약 2000년 전의 것"이라고 말했다. 동남아시아나 중국의 습하고 산성도가 높은 토양에서는 닭뼈가 2000년 이상 보존될 수 없다는 것.

이후 일본에서도 DNA를 이용해 닭의 조상을 찾으려는 시도가 이어졌는데 전 일왕인 아키히토의 차남으로 생물학자였던 아키시노노미야 후미히토가 꾸린 연구팀이 1994년, 유전자 분석을 통해 닭이 태국에서 처음 사육됐을 것이라는 결론을 내렸다. 하지만 이 연구는 표본이 일부 지역으로 제한돼 있었다는 문제가 불거졌고 이후 연구에서 중국과 인도 등 여러 장소에서 비슷한 시기에 닭을 길렀던 것이 속속 확인됐다. 미국과 중국, 영국, 네덜란드 등 6개국으로 이뤄진 '국제 닭 다형성지도 컨소시엄'은 2004년 12월 닭 유전체 지도를 완성하고 지역별 닭의 유전적 차이를 분석해 남아시아가 원조 적색야계의 서식지였다는 것을 학술지 〈네이처〉에 발표했다.

나는 닭의 원류인 야생 들닭을 찾아 자료 조사를 하던 중 생물학자 윌리엄 비비의 적색야계 목격담을 발견했다. 1911년, 미얀마 북부의 숲에서 적색야계를 목격한 윌리엄 비비는 '햇빛이

깃털의 적색, 녹색, 자색을 비추자 새는 잠시 불타오르는 듯했
다' '길들일 수 없는 표범 같았다'며 그 강렬함을 묘사했다. 윌
리엄 비비 앞에서 그 아름다움을 뽐낸 뒤 800미터 너비의 계곡
을 날아서 건너갔다고 하는 야생 들닭. 800미터 정도는 거뜬히
날 수 있는 야생의 닭을 직접 보고 싶다는 갈증이 커진 나는 인
도네시아 자바섬의 정글에서 야생 들닭의 하나인 녹색야계가
살고 있다는 정보를 수집했다.

"운이 좋으면 닭을 볼 수 있을 거예요."

어렸을 때부터 야생 닭을 보고 자랐다는 현지인의 안내에 따라 덥고 습한 정글을 헤매길 반나절, 안내인이 닭을 발견하고 소리친다.

"저기 닭이 수풀을 오르고 있어요!"

현지인이 가리켰지만 보호색 때문일까, 쉽게 눈에 띄지 않는다. 긴박하게 쫓아가니 보이는 짙은 검은색의 실루엣, 하지만 빠르기가 보통이 아니라 가까이 다가가기가 힘들다.

온갖 가지에 팔과 다리를 긁혀가며 벌인 추격전 끝에 드디어 녹색야계에 가까이 다가가자 붉은빛이 도는 화려한 벼슬이 눈에 띈다.

"벼슬 모양이 꼭 꽃잎 같은데?"

검은색으로 보이던 깃털도 가까이서 보니 금빛 광택이 도는 녹색이다. 몸통은 주황색과 구릿빛, 황토색이 섞여 번쩍이는 게 그 용모가 자못 아름답다. 얼굴 부분에는 붉은 피부가 드러나 있고 목둘레에 늘어진 피부도 붉고 푸르다. 자바야계Javan Junglefowl라고도 불리는 아름다운 야생 닭의 몸길이는 최대 75센티미터, 큼지막한 몸으로 원시의 야생성과 아름다움을 뿜어낸다. 이렇게나 아름다운 것이 슬픈 운명이 되는 것일까, 녹색야계는 아름답고 희귀한 탓에 관상용으로 비싼 값에 팔려나간다. 정글 안에서 녹색야계를 잡는 일이 흔한지 동행한 현지인에게 물었다.

"아니요, 운이 좋아야 볼 수 있어요. 게다가 일반 닭과는 달리 날 수도 있고 빨라서 잡기가 쉽지 않아요. 잡았다고 하더라도 성질이 있어서 닭장에 가두면 제 성질을 못 이겨 금방 죽어버리기도 하죠. 그래도 어떤 집은 가축화하는 데 성공해 뒷마당에서 키우기도 해요. 대부분이 팔려나가지만……."

사람에게 잡혀 지내느니 제 성질을 못 이기고 죽어버리는 길들여지지 않는 아름다운 생명체. 녹색야계는 해발 2000미터 이하의 아열대림, 열대림, 관목지 또는 인공적인 경작지에 서식하며 2~5마리 규모의 무리를 형성하여 살아간다. 그 아름다움을 채 다 감상하기도 전에 다시 수풀 속으로 사라진 녹색야계.

그런데 잠시 후 멀리서 귀를 찢는 비명이 들려왔다. 무슨 일인가 소리 나는 쪽으로 현지 주민이 급히 뛰어 올라갔다.

"큰 도마뱀이 닭을 덮쳐 한입에 먹어버렸어요!"

웬만한 나무 위로는 거뜬히 날아가 '길들일 수 없는 표범'으로도 불렸던 새를 정글 속에서는 노리는 짐승들이 많았던 것이다. 방금 전까지 우리 눈앞에서 찬란한 자태를 뽐내던 새의 죽음은 내심 안타까웠다.

인류가 사랑한 새,
수치로 읽는 닭에 관한 모든 것

① 기원전 3000년경

인류가 닭을 키우기 시작한 것은 지금으로부터 5000여 년 전으로 추정된다. 중국과 동남아시아의 야생 들닭 적색야계를 최초의 닭으로 지목한다. 아시아의 밀림에서 마법적인 존재로 등장한 이후 전 세계로 퍼지면서 미래를 점치는 안내자, 성스러운 메신저, 투계로서의 오락거리, 전천후 만병통치약, 가내 부수입, 우리를 대신한 제물까지, 오랫동안 이어져온 존재가 그 모습을 드러냈다.

② 1950년대

닭은 주말에나 즐기는 특별 정찬에서 일상적 메뉴로 변모했다. 선택적 교배를 통한 개량이 이뤄지면서 몸집이 커졌다. 농장은 대량생산 방식을 도입했고 햄버거, 피자와 더불어 음식 프랜차이즈 산업의 주역으로 자리 잡았다. 1950년대 오픈한 '캔터키 프라이드치킨'은 대량으로 튀겨 보관하는 방법을 개발했다. 1960년 전후 치킨 너겟과 버펄로 윙, 야키토리, 삼계탕 등 각국 대중적 닭 요리가 본격적으로 발전했다.

③ 5분의 1

전 세계 닭고기 생산량은 92,470,000톤
(2015년 기준), 닭고기 소비량은
90,200,000톤이다. 닭고기 생산국은
미국, 브라질, 유럽연합 순이며 소비국은
미국, 중국, 유럽연합 순이다. 닭고기
수입국은 일본, 멕시코, 유럽연합 순이며
한국은 생산과 소비 규모에서 20~30위
권에 자리한다. 전 세계 생산량 중 미국의
평균 소비 비율은 5분의 1로, 미국의
1인당 연간 닭고기 소비량은
38.1킬로그램이다.

④ 14.6킬로그램

한 해 동안 인류가 먹어치우는 닭의 수는
약 700억 마리, 지난 반세기 동안 약 50배
가량 증가한 숫자다. 닭고기를 사랑하는
한국인이 한 해 소비하는 닭의 수는
약 6억 마리, 1인당 약 12마리로 한 사람
당 한 달에 적어도 닭 한 마리는 먹는
셈이다. 1970년대 1.4킬로그램에 불과했
던 닭고기 소비량이 40년 만에 14.6킬로
그램이 되는 과정에는 육계 가공 환경의
발전과 그에 따른 풍부한 공급, 저렴한
가격이 큰 역할을 했다.

전 세계의 역사와 문화를 읽는 한 가지 코드

닭을 보면 문화가 보인다

인도네시아

INDONESIA

정글 속
치킨 교회

　인도네시아 자바섬의 다음 목적지는 메라피 화산의 남쪽 기슭 기름진 평야에 위치한 특별구 '족자카르타Djokjakrta'다. 인도네시아에서 두 번째로 작은 주인 족자카르타는 마타람 왕국의 수도였던 곳으로 전통적 자바 문화가 잘 보존되어 있으며 자연 풍광이 뛰어난 곳으로도 유명하다. 아직도 이슬람 군주인 술탄의 공식적인 통치를 받는 이곳의 굽이굽이 정글 속 가파른 비포장도로를 따라 올라가길 두 시간, 이렇게 외진 산속으로 올라가는 것이 맞는 걸까 불안한 생각이 덮칠 때쯤 잿빛 기묘한 형태의 건축물이 서서히 모습을 드러냈다.

　"지금 보이는 저 벽이 엉덩인가?"

　"나무 위로 벼슬이 보이는데요?"

　가까이 다가갈수록 드러나는 거대한 크기에 느껴지는 위압감, 4층 건물 높이에 300미터는 족히 되어 보이는 길이의 거대한 닭 모양 콘크리트 돔이 나무로 무성한 외딴 정글에 홀로 뚝 떨어져 있었다. 벼슬과 부리까지 그대로 재현된 머리 부분, 엄청난 몸통의 뒤쪽에 달린 꽁지까지, 이걸 과연 사람이 만든 걸까? 도대체 왜 정글 깊숙이 닭 모양의 거대한 건물이 있는 걸까?

사람들에게 '그레자아얌Gereja Ayam', 직역하면 '치킨 교회'라 불리는 이 건물은 그러나 닭이 아닌 비둘기를 형상화해 만들어졌다. 마치 외계인의 비밀기지라도 되는 듯 인도네시아 자바 섬의 마젤란 정글 한가운데 자리를 잡은 수수께끼의 교회는 1990년 외계인도 특정 종교 단체도 아닌 다니엘 아람스쟈라는 개인이 만들었다. 1989년, 이곳으로부터 550킬로미터 떨어진 자카르타에서 사는 아람스쟈가 아내의 가족이 살고 있는 마젤란의 땅을 걷다가 꿈속에서 본 것과 꼭 같은 풍경을 발견하곤 그곳에서 기도를 하며 하룻밤을 지새우다 꿈속에서 '언덕 위에 비둘기 형태를 한 신전을 만들라'는 신의 계시를 받아 신전을 짓기 시작한 것이다. 토지를 매입해 3년에 걸쳐 돈을 변제하고 인근 마을 주민 30여 명을 인부로 고용해 10년 동안 신전을 지어갔지만 급등한 건설비용으로 2000년에는 더 이상의 건축을 포기, 폐쇄해 미완성 건물로 남아 있다. 하지만 이 불가사의한 신전의 이야기는 사람들의 귀에서 귀로 퍼져 급기야는 오지의 신비로운 곳을 탐험하는 여행객에게까지 알려졌고, 이곳의 묘한 매력에 빠져든 이들에게 명소가 되었다.

"건물을 지탱하는 여덟 개의 기둥 가운데 다섯 개는 무너진 상태라고 해요."

동행한 안내인의 말에 혹시라도 무슨 일이 생기지는 않을까 걱정하며 조심스럽게 들어간 치킨 교회, 침실처럼 보이는 열다

섯 개의 방과 욕실이 세 개나 딸린 방 하나가 계단처럼 이어져 있다. 깨진 창을 통해 들어오는 햇빛과 허공을 부유하는 먼지가 적막감을 더하며 시간이 멈춘 듯한 느낌을 전한다. 계단을 따라 올라가자 나오는 어둡고 광활한 방, 의자조차 없는 텅 빈 예배 당이다. 이곳에서 사람이 가득 모여 예배를 드리는 일이 실제로 있었을까?

"가끔씩 종교 신자들이 일부러 이곳에 모여들어 참배를 하고 갑니다."

모여드는 신자는 불교, 이슬람교, 기독교 등 다양하다. 사람들은 이곳을 교회라고 부르지만 이곳을 지은 아람스샤는 교회가 아닌, 어떤 신이건 신을 믿는 사람을 위한 기도하는 장소라고 생각했다. 이제는 방치되어 그 기괴함에 매료된 이들만이 찾아오는 특이한 관광지가 되었지만 아람스샤의 바람대로 이곳에서 신을 향해 기도하는 이들도 있는 것이다. 한때는 신체가 부자유스러운 어린이와 마약중독자, 정신지체자 등 치료와 재활이 필요한 이들을 위한 재활시설로 사용되기도 했다. 사회에서 용인하지 않는 이들을 깊은 정글 숲 속에 격리하려는 목적이었을까, 신을 위한 장소였으니 모든 이를 포용할 수 있는 공간이었으리라. 옥상으로 올라가기 위해 좁은 계단을 한 명씩 조심스럽게 오르며 다시 한 번 의문에 사로잡힌다.

"그런데 왜 새였을까?"

새의 머리 부분, 옥상에 올라가자 주변 정글이 한눈에 내려다보인다. 시야에 닿는 어디에도, 이 건물만큼 높은 건물은 보이지 않기에 가슴이 탁 트이는 광경이다. 인류는 이렇게 높은 곳에 올라서서 하늘을 나는 새의 시야를 동경했던 것일까? 그리고 언제나 우리를 굽어보는 새의 시선에서 신의 시선과 같은 어떤 경외감을 가졌으리라.

족자카르타의
코코넛 공장

　족자카르타의 마을을 지나는데 어디선가 기름지고 달콤한 향기가 코로 흘러들어왔다. 모락모락 하얀 연기를 따라 무엇에라도 홀리듯 따라가다 나타난 농가의 문을 열었다. 코코넛 오일을 만드는 곳이었다. 땀을 뻘뻘 흘리며 웃통을 벗은 대여섯 명의 남자들이 나무에서 딴 지 얼마 되어 보이지 않는 싱싱한 코코넛을 손질하고 있었다. 후덥지근한 공장은 기름을 달이는 큰 솥에

서 뿜어 나오는 열기와 달짝지근한 내음으로 가득 차 있었다.

인도네시아는 코코넛이 자라기에 최적의 기후조건으로 1년에 네 번 코코넛 수확이 가능해 생산량 또한 풍부하다. 발리에서는 코코넛을 힌두교 신에게 바칠 정도로 중요한 열매로 여긴다. 향이 풍부하고 자극적인 인도네시아의 음식에 부드러운 터치를 가미하는 코코넛, 이곳은 코코넛 기름을 수작업으로 생산하는 공장이다. 전통적인 방식으로 코코넛 기름을 만든 지 20년이 되었다는 주인 할아버지는 껍질을 벗긴 코코넛을 반으로 잘라 속을 파내고 있었다. 그렇게 얻은 코코넛 과육은 다시 강판에서 갈고, 그 과육을 또 한 번 분쇄기에 넣어 작고 고운 입자로 만든다. 이렇게 두 번에 걸쳐 분쇄한 과육을 압착기로 짜면 드디어 하얗고 반투명한 코코넛 우유가 나온다.

"야, 냄새가 기가 막힌데."

진한 코코넛 향에 감탄하는 사이 할아버지는 코코넛 우유를 큰 들통에 옮겨 불 위에 올린다. 코코넛 우유를 네 시간에 걸쳐 끓이면 코코넛 기름과 코코넛 부산물인 '블론도Blondo'로 분리되는데 블론도는 발리에서 쓰는 향료의 일종으로 족자카르타의 향토 음식인 '구덕Gudeg'이라는 요리에 빠질 수 없는 재료다. 잭프루트의 어린 열매에 야자설탕과 블론도, 코코넛 우유를 더해 몇 시간 동안 끓인 뒤 닭고기와 달걀 등을 더해 익혀내는 구덕이 족자를 대표하는 요리가 된 것도 블론도가 풍부하게 생산되는 지역이기 때문이다. 이렇게 수작업으로 만들어지는 코코넛 기름과 블론도는 최상의 품질을 자랑하는데 방부제를 사용하지 않아 유통기한이 보름 정도여서 멀리 유통하지 못하지만 화학적 제조 방식을 거친 코코넛 기름과는 비교할 수 없게 향이 풍부하다. 이 지역 사람들만이 누릴 수 있는 자연의 선물인 셈이다.

"닭튀김은 역시 코코넛 기름에 튀긴 게 최고예요. 이 코코넛 기름으로 닭을 튀긴 '아얌고랭'은 코코넛의 풍미가 닭에 향긋하게 배어들어 별미죠. 코코넛 기름을 수작업으로 만드는 일은 고되고 돈도 많이 안 되지만 신의 은총으로 아직까지 이런 제조 과정을 유지하고 있어요."

예상치 못한 곳에서 마주친 새로운 방법의 프라이드치킨 요리는 인도네시아의 닭고기 요리에 대한 관심을 증폭시켰다. 닭을 숭배하면서도 닭고기 요리를 즐기는 이들에게 닭은 어떤 의미일까?

구능레바 사원의
'우파차라' 제사

인도네시아의 닭고기 문화를 파헤치기 위해 간 곳은 인도네시아 안에서도 '신들의 섬'이라 불리는 발리. 발리에 도착하니 어디를 가도 곳곳에 크고 작은 사원이 있다. 바다에 둘러싸인 아름다운 사원에서 개인이 마련한 가정집의 작은 사원까지, 발리인은 사원에서 매일 기도와 공양을 올리며 종교와 밀접하게 맞닿은 삶을 살고 있다. 큰 사원과 개인 사원의 수를 다 합치면 그 수만 2만여 개, 발리가 '신들의 섬'이라 불리는 이유다.

인도네시아는 세계에서 이슬람교도가 가장 많은 나라다. 하지만 그 가운데서 발리는 힌두교를 믿는 인구가 90퍼센트를 넘어가는 소순다열도 유일의 힌두교 거점이다. 총 5700여 제곱킬로미터로 제주도 3배 면적에 총 인구 280만 명, 제주도가 그러하듯 발리에도 마을마다 창조의 신, 모호의 신, 믿음의 신 등 다양한 신이 존재한다. 발리가 힌두교의 성지가 된 역사는 16세기로 거슬러 올라간다. 16세기 자바섬에서 이슬람교 세력이 힌두교 세력을 제압하며 힌두교를 믿던 수많은 귀족과 성직자, 지식

인이 발리로 도피해 터를 잡은 것, 여기에 불교와 말레이의 조상숭배, 애니미즘 및 주술신앙, 관습 등이 혼재되어 발리만의 독특한 문화가 발달했다. 발리인은 매일 기도로 아침을 열고 식사 전에는 신에게 먼저 공양을 하며 환생을 굳게 믿은 채 살아간다.

내가 구눙레바 사원을 찾은 날은 성공과 번영을 기원하는 의식이 행해졌다. 동네 주민이 소쿠리에 꽃과 음식을 가득 담아 사원으로 모여들고 있었다. 8세기경 승려 마쿤댜가 발리를 여행하던 중 좋은 기운을 느껴 건립했다고 전해지는 구눙레바 사원은 발리에서 가장 유명한 사원이자 오래된 사원 가운데 하나다. 사원의 입구에서는 '사롱sarong'이라 부르는 치마의 일종을 빌려주는데 남녀를 떠나 발리의 사원에 들어갈 때는 반드시 이 사롱을 둘러야 한다.

햇살이 쏟아지는 바닥에 앉아 경건하게 기도를 하는 이들, 신께 기도를 올리기 위해 피운 향, 공물로 바치는 갖가지 꽃의 더미와 제사장의 주문 외는 소리와 종소리에 사원은 신성한 아름다움으로 가득 차 있었다. 한동안 그 경건한 아름다움에 사로잡혀 넋을 놓고 있자니 기도하러 온 발리인의 손에 들린 살아 있는 닭이 눈에 띈다. 발리인이 신께 바치는 공양꾸러미를 '반테'라 부르는데 주로 꽃과 음식이 올라가며 닭이 빠지지 않는다. 구운 닭고기에서 살아 있는 닭, 오리 등의 다른 조류까지 제각각, 그런데 이들이 들고 온 닭과 오리의 색이 흰색과 노란색, 검정색, 붉은색으로 다양하다.

발리의 힌두교 제사에 바치는 닭은 흰색, 노란색, 붉은색, 검은색 각기 다른 색의 깃털을 갖는다. 이들 색은 각각 동서남북의 방향을 대표한다. 각각 상징하는 바도 다르다. 특히 흰 닭은 신성함의 상징이다. 발리에서는 흰 닭을 상향위디와사의 전지전능함, 신과 관련된 상징으로 보는 것이다.

사원에 모인 이들은 머리에 세 번 물을 뿌린 뒤 다시 얼굴에 세 번 물을 묻히고, 마지막으로 세 번 물을 마셨다. 이는 축복을 내린다는 의미의 의식인 '누나스띠르따Nunas Tirta'로 신이 내리는 축복의 상징인 물로 신의 은총을 받으며 몸과 정신이 정화된다고 믿는 것이다.

의식의 후반부가 되자 종을 치던 사제가 살아 있는 닭을 붙잡고 위로 치켜 올렸다. 각자 기도하던 이들도 기도를 멈추고 사제의 손에 들린 닭으로 시선을 집중한다. 이내 사제는 단검으로 닭의 목을 깊숙이 베어내고 닭의 목에서는 피가 솟구쳐 바닥으로 쏟아진다. 압도적인 장면에 나도 모르게 순간 움찔했지만 이곳에 모인 이들은 미동도 않고 경건한 분위기는 한층 깊어진다. 발리인은 닭의 피가 악을 물리친다고 믿기에 사원에서도, 투계장에서도 살아 있는 닭의 피를 땅 혹은 사원 내부의 중요한 지점에 뿌려 정화하는 의식을 행한다.

뒤에서 닭을 잡아 피만 뽑아내 뿌려도 될 텐데 이렇게 모두가 보는 앞에서 살아 있는 닭의 목을 베는 것은 종교적인 경외심을 불러일으키기 위해서이리라. 발리뿐 아니라 많은 종교와 문화권에서는 살아 있는 동물의 숨을 끊는 것이 제사의 의식으

로 사용된다. 종교는 절대자에 대한 경외심을 불러일으키기 위한 방법으로 교회나 사원 등의 성전을 압도적인 스케일로 지어 절대자의 권능을 물리적으로 보여주거나 신도 앞에서 살아 있는 생명을 제물로 바쳐 생명을 부여하고 끊을 힘이 신에게 있음을 체험케 한다. 나를 대신해 다른 생명이 제물로 바쳐진다는 것, 신도들은 이를 보며 한편으로는 안도하며 한편으로는 공포감을 느끼고 그만큼 절대자의 권능에 복종하게 된다.

그런데 왜 많은 동물 가운데 닭일까? 닭이 소나 돼지에 비해 저렴하고 도축하기도 쉽다는 현실적인 이유도 있을 것이다. 하지만 이런 심리적인 이유도 숨어 있을 터다. 닭은 인간과 가까워 보이는 젖먹이 동물, 즉 포유류가 아니기에 생명을 죽인다는 죄의식이 상대적으로 덜했을지 모른다. 그렇다고 어류나 갑각류과 같이 우리와 너무 동떨어져 인간을 대신해 신에게 바치는 희생 제물의 느낌이 전혀 안 드는 것도 아니다. 그 중간에 어중간한 위치의 동물이 닭이 아닐까.

"닭은 인간과 가장 밀접하고 일상생활의 한 부분을 차지하는 동물이기에 의식에서 빠질 수 없는 중요한 역할을 합니다."

발리 사원의 한 사제의 표현처럼 발리에서는 닭이 종교적인 상징이자 자신을 투영하는 대상이기도 하다.

인류학의 고전,
발리의 투계 문화

고대하던 희소식, 사비탄에서 닭싸움이 열린다는 정보가 들어왔다. 점조직의 불법도박판처럼 비정기적으로 비밀스럽게 열리는 탓에 마을의 정보원이 새로운 닭싸움 소식을 전하기만을 기다리고 있던 터였다. 떨리는 마음으로 짐을 챙겨 차에 올라탄다. 그런데 섬 중심지 덴파사에서 동북쪽으로 100여 킬로미터 떨어진 산간 마을, 차를 급히 달려 오후 2시쯤 현지에 닿았으나 닭싸움은 이미 끝나고 마을은 아무 일도 없었다는 듯이 잠잠했다. 더위를 피해 오후 3시쯤 벌이던 시합을 이날따라 새벽에 내린 소나기로 9시에 시작했다는 것이다. 낭패였다. 나는 모가비 _{발리의 부족장}를 찾아 간청했지만 '하루 한 번'의 관례를 깨기도 어렵거니와 정부에서 투계를 엄격히 금하기에 위험이 따른다며 자기네는 닭싸움을 일절 하지 않는다고 잡아떼었다.

얼마나 기다렸던 닭싸움인데 이대로 물러날 수는 없다. 나는 위험에 따르는 비용을 지겠다는 뜻에서 얼마간의 돈을 건넸다. 돈을 받아들고 다음번 닭싸움 정보를 알려준 그는 멋쩍었는지 '경찰이 들이닥쳤을 때 구슬리기 위한 자금'이라는 핑계를 댄다. 닭싸움엔 반드시 돈을 거는 노름이 따르고 발리에선 이에 따른 폐해가 심각해 인도네시아 정부는 오래전부터 종교 의례를 제외한 닭싸움을 막아왔다. 한 판에 적으면 5만 원에서 많으면 200만 원까지 오를 정도로 과열되니 정부에서도 가만히 있을 수는 없을 것이다.

발리 사람들의 투계 문화는 유명하다. 특히나 인류학을 공부한 이에게는 전설과도 같은 학자 클리퍼트 기어츠의 연구로도 잘 알려져 있다. 클리퍼드 기어츠는 그의 저서 『문화의 해석』문옥표 옮김, 까치글방, 1998에 부인과 함께 발리의 마을에서 생활하며 연구한 내용을 담았는데 특히 '투계 문화', 닭이 그들에게 갖는 상징적인 의미에 주목했다.

> 얼마간이나마 발리에서 산 사람들은 누구나, 발리 사람들이 가지는 수탉에 대한 깊은 심리적 일체감에 대해서 의심하지 않는다.

> 일상의 격언들 중 남성적 측면에 대한 것들은 수탉의 이미지로 가득 차 있다. 사붕Sabung, 즉 수탉에 해당하는 단어(이것은 922년부터 비문에 나타난다)는 "영웅" "전사" "챔피언" "다재다능한 사람" "정치 후보자" "독신남" "멋쟁이" "바람둥이 남자" 혹은 "터프 가이"를 의미하는 것으로 은유되어 있다.

그러나 닭에 대해서 사람들이 가지는 친밀감은 은유적인 것 이상이다. 발리 남자, 아무튼 발리 남자들의 상당수는 그들이 좋아하는 닭을 돌보고, 먹이고, 대화하고, 그것들을 서로서로 겨루게 해보거나, 단지 황홀한 감탄과 자기도취가 복합된 시선으로 그것들을 바라보면서 엄청나게 많은 시간을 보낸다.

클리퍼드 기어츠가 발리 남성의 또 하나의 자아, '독립적으로 움직일 수 있는 페니스'로 수탉을 묘사하기도 했는데 근본적으로 발리인은 닭을 종교와 결부했다. 지금은 사행성 도박으로 변질됐지만 발리에서는 닭싸움은 본래 종교 의식의 하나다. 힌두교에서는 닭 피로 땅을 씻은 뒤 악령에게 바치면 재앙에서 벗어난다고 가르치는데 닭 피를 제물로 바치는 풍속은 동남아시아 일대에 널리 퍼져 있으며 중국 서남부 먀오족苗族에서도 그 문화를 찾아볼 수 있다. 이들은 악귀를 쫓기 위해 마을 소유의 북에 닭 피를 바르며 마을 잔치나 상례 때도 이같이 한다. 주검을 무덤으로 옮길 때는 한 사람이 앞서가며 닭 피를 뿌려서 저승길을 연다.

약 4000년 전 인더스문명의 기록에 따르면 사육 초기에 닭은 식용보다 투계용으로 먼저 퍼졌다고 할 정도로 투계는 전 문명을 통해 보편적으로 나타난 문화다. 우리나라에서도 이런 문화를 찾아볼 수 있다. 호남지방과 제주도에서는 조상 제사나 상량식 때 닭 피를 사방에 뿌리고, 돌림병이 돌면 문설주에도 바른

다. 정초 대문에 닭 그림을 붙이는 우리나라와 중국 풍속도 여기에서 왔다. 처음에는 닭 피를 바르다가 점점 죽은 닭을 매달고, 이것이 그림으로 바뀐다.

하지만 발리인에게 투계가 가지는 의미는 남다르다. 발리의 남성들은 닭싸움에 자신을 투영할 뿐 아니라 일상이 투계를 중심으로 돌아갈 만큼 자주 열린다. 이렇게 투계가 일상적인 이유는 집집마다, 그리고 마을마다 신전이 있으며 제삿날도 각각인 탓도 있지만 종교적인 이유는 차라리 핑계에 불과할 정도로 본

디 닭싸움에 열광하는 것이다.

　나는 투계의 세계를 보다 자세히 이해하기 위해서 인근의 이름난 '투계꾼'인 마르헨을 찾아갔다. 호탕해 보이는 인상의 마르헨은 흔쾌히 인터뷰에 응해주었다. 그는 15년 넘게 투계를 사실상의 본업으로 살아온 전문가. 자기 소속의 격투기 선수들을 거느린 거물 프로모터라고나 할까. 그는 싸움닭 여러 마리를 직접 사육하고 훈련시키고 시합에 내보내서 돈을 번다. 그에게 닭은 돈을 벌어주는 수단이기도 하지만 그의 위신과 남자다움의 과시 도구이기도 하다. 그가 닭을 돌보는 과정을 보면, 지극정성도 보통의 수준을 넘어선다. 특별한 자신만의 비법으로 만든 사료만 먹이고, 매일 발톱을 손질해주고 깃털을 정성껏 빗겨준다. 그가 키우는 '선수'의 수는 20여 마리, 투계장에 데리고 갈 때도 행여 다칠까 봐 한 마리씩 소쿠리 두 개를 합쳐놓은 듯한 휴대용 닭바구니에 넣어서 운반한다. 투계장으로 출발하기 앞서 이른 아침부터 집 마당의 작은 제단에서 기도를 올리는 것도 잊지 않는다. 꽃 장식을 바치고 향을 피운 뒤 바닥에 앉아 기도를 드리는 마르헨의 모습엔 비장함이 감돌았다.

　"우리의 평화를 기원하고 일용할 양식에 부족함이 없도록 하며, 경기에서 승리할 수 있도록 기도드립니다."

　기도를 마친 마르헨은 자신의 닭 한 마리 한 마리를 출전선수를 고르는 감독처럼 신중하게 살피더니 컨디션이 좋아 보이는 세 마리의 싸움닭을 골라내서 대나무 바구니에 담았다. 집을 나서는 마르헨을 따라 투계가 열린다는 이웃 마을로 이동했다. 분명히 닭싸움이 열린다는 정보를 듣고 마르헨을 따라갔지만 도착한 투계장은 텅 빈 채 동네 아이들 몇몇이 놀고 있을 뿐. 또 한번 낭패를 보는 건 아닐까 노심초사하며 빈 공터를 서성이는 사이 어디선가 오토바이를 탄 남자들이 하나둘 모이기 시작했다. 정말 순식간에 빈 공터가 투계꾼과 구경꾼으로 가득 채워지더니 음료와 주전부리를 파는 행상까지도 터를 잡고 앉았다. 삼삼오오 모인 이들은 함께 담배를 피우고 수다도 떠는데 통역에 따르면 대부분이 자신의 닭 자랑이라 한다.

투계를 위해 모인 닭들은 또 어찌나 윤기가 자르르 흐르는지 한눈에 봐도 이들이 닭을 얼마나 애지중지 키웠는지 알 수 있을 정도다. 전문 투계꾼들은 닭 사료의 기본은 옥수수이지만 여기에 달팽이나 도마뱀을 잘라서 넣거나 약재를 더하는 등 저마다 자신만의 비법으로 닭을 키운다. 시끌벅적 농담을 주고받는 사이에도 주머니 속에 있는 돈다발을 꺼내 보이며 은근슬쩍 기싸움을 벌이는 것이 눈에 띄었다. 싸움이 시작되기도 전에 이미 남정네들의 눈들이 희번덕거리기 시작하면서 도박판 특유의 흥분된 분위기가 공기 중에 가득하다. 언뜻 즐거워 보여도 일순 험악한 분위기가 될 수도 있는 팽팽한 긴장감, 닭의 며느리발톱에 매달린 서슬 퍼런 양날 칼이 그 긴장감을 더한다.

이 판에서 철저히 이방인인 나는 혹시라도 이들의 심기를 거스를까 조심하며 시합을 기다렸다. 대학원 시절 읽었던 클리포드 기어츠의 바로 그 전설적인 조사 현장에 서 있다는 생각에 가슴이 쿵쾅대며 뛰었다. 투계꾼들은 닭을 서로 견주며 알맞은 상대를 고른 뒤 닭의 발톱에 반달 모양의 칼을 잡아맨다. '타리'라 불리는 칼은 날이 시퍼렇게 서 있는데 칼날 가운데에는 가는 홈을 길게 파서 코코넛 기름을 넉넉히 바를 수 있게 되어 있다. 투계꾼들에게 타리는 승패를 가르는데 닭만큼이나 중요한 역할을 하는 무기이기 때문에 숫돌에 정성껏 잘 갈아서 작은 나무 박스에 넣어 보관한다. 타리를 쓰는 것은 발리식 투계의 특징이기도 한데 반달형 칼의 용도는 한두 합의 '펀치'만으로도 상대방의 숨통을 단박에 끊을 수 있도록 하기 위해서다.

투계꾼들이 시합을 준비하는 사이, 관중은 떠들썩하게 목청을 한껏 높여가며 모가비에게 돈을 건네기 시작한다. 이때 사람들은 단순히 어느 닭이 이길지만 보고 돈을 걸지 않는다. 닭의 주인이 누구인지도 선택의 요소인데 누군가의 닭에게 돈을 건

다는 의미는 서로 한패라는 뜻도 내포한다. 판돈이 커질수록 흥분감이 고조되는 동시에 함께 돈을 건 관중의 사회적 결속도 강화된다.

닭의 바짝 세운 목 깃털이 싸울 준비가 다 됐음을 알린다. 관중의 고함과 닭의 날카로운 울음소리, 퍼드득거리는 날갯짓 소리가 뒤엉켜 투계장의 열기는 최고도에 달한다. 로마시대 콜로세움의 검투사 경기처럼 인간은 아니지만 동물의 생명을 건 경기를 코앞에서 본다는 것은 끔찍하면서도 짜릿하다.

목숨을 건 매치는 의외로 금방 끝난다. 닭 두 마리가 솟구쳐 날아올라 공중에서 서로 뒤엉킨다. 경기 시간은 기껏해야 30~40초 남짓, 치명상을 입은 패자가 땅에 펄썩 주저앉으면 승자는 올라타고 날카로운 부리로 머리를 사정없이 쪼아댄다. 판정 논란이 있을 수 없는 생사의 게임이다. 마르헨의 검은 수탉이 1승을 거두었다. 승자는 윤기 나는 깃털을 한껏 부풀리며 의기양양 경기장을 돌아다니고 노름꾼들은 판돈을 나누어 갖는다. 마지막 숨을 헐떡이는 패자는 경기장 구석의 통나무 도마로 옮겨져 바로 도살된다. 이때 사람들은 잘린 닭발에서 흐르는 피를 땅에 흩뿌린다. 이것은 따부라라는 정화 의식이다. 닭의 피가 인간의 땅을 깨끗하게 한다는 믿음에서 비롯된 발리 투계의 오랜 전통이다.

발리에서 수탉에 해당하는 단어 '사붕'은 전사, 바람둥이와 같은 의미를 지닌다. 끝까지 싸워 승부를 내고 마는 닭의 공격성과 발차기에 쓰이는 날카로운 며느리발톱이 발리의 남성성을 대표하는 상징이라고 했다. 클리포드 기어츠가 발리 남성이 투계에 열광하는 것은 단순한 도박이 아닌 자신의 정체성을 드러내는 상징적인 행위라고 한 것처럼, 지금 이 도박장에 모인 투계꾼들은 수탉에 자신을 투영하고 싸움을 통해 사회적 위계질서를 표현하고 확인하는 것이다. 승리자는 노파가 그 자리에서 잘라준, 패배한 닭의 머리를 쥐어든다.

그렇게 애지중지한 닭이 경기에서 져 숨통이 끊어지면 투계꾼은 얼마나 속상할까. 하지만 그런 우려도 잠시, 투계꾼은 경기에서 진 닭을 거들떠도 안 본다. 싸움에서 진 닭은 부정하다고 여겨 자신이 쏟아 부은 애정을 한 칼에 거두는 것이다. 몇 번의 싸움이 끝난 뒤 투계는 끝이 났다. 투계장에 온 이들과 인터뷰를 더 하려고 했지만 삽시간에 모여든 관중은 삽시간에 흩어진다. 남은 건 바닥에 흥건한 죽은 닭의 피뿐, 이들은 투계를 통해 싸움의 결과를 즉시 받아들이는 법을, 서로 합의된 암묵적인 룰을 체화한다.

"발리에서 닭은 인간과 가장 가까운 동물입니다. 수탉 같다는 말은 '머리가 좋다'는 의미로 쓰이죠. 여기에는 '사투아발리satuabali'라는 이야기가 내려오는데요. 이야기 속의 검은 닭은 '정직'과 '청렴'의 상징입니다. 이러한 닭으로 투계를 하는 이들은 정직하다고 할 수 있죠. 통치자에게 있어서는 '용맹함'과 '성공'의 상징이 되기도 하고요."

용맹하게 싸워 결과에 깨끗이 승복하는 닭에게 자신을 투영하는 발리의 남성들. 아까의 팽팽한 긴장감은 사라지고 승리자와 그 친구들은 싸움에서 진 닭으로 요리를 한다. 승리의 만찬인 셈이다. 투계장 옆의 집에서 남성들은 능숙한 손놀림으로 각자의 역할을 분담해 일을 시작한다. 이들이 하는 요리는 '라와르아얌,' 닭과 채소를 잘게 다져 코코넛 기름에 볶아 먹는 요리로 닭싸움이 끝난 뒤엔 이것을 나눠 먹고 헤어지는 것이 관례처럼 되어 있다. 한 명이 닭을 손질해 삶기 시작하자 또 다른 이가 파파야의 속을 파내 다진다. 옆에서는 샬롯과 허브를 다진다. 솥에서 다 익힌 닭은 작게 잘라 코코넛 기름을 넉넉히 두른 큰 팬에서 다른 재료들과 한번에 볶는다.

투계꾼들은 기분 좋게 이야기를 주고받으며 라와르아얌을 나눠 먹지만 술은 일절 보이지 않는다. 노름 끝에 요리와 술을 함께하며 승리의 기분을 만끽할 법한데 이들은 각자 일을 분담해 재빠르게 요리해 밥을 먹고 깔끔하게 헤어진다. 발리인에게는 투계가 노름인 동시에 여전히 제사의 연장이기 때문이다. 이를 통해 남성들은 사회적인 유대를 강화한다. 우리의 문명 깊숙이 침투한 투계 문화, 그 가운데서도 투계를 종교적인 행위로 인정한 몇 안 되는 나라 발리인은 누구보다 닭을 사랑하고, 닭에 자신을 투영할 뿐 아니라 닭을 통해 자신의 욕망을 표출한다.

발리의
치킨 사테

국내에는 발리의 요리가 잘 알려져 있지 않지만 해외에는 발리 음식, 특히 발리식 꼬치인 사테아얌이 꽤나 유명하다. 더운 나라답게 향신료와 기름을 풍부하게 사용하는데 이는 입에 착 붙는 맛과 향으로 무더위에도 입맛을 돋우도록 할 뿐 아니라 쉽게 상하지 않게 하기 위함이다. 강황, 마늘, 고추 등의 향신료에 코코넛 과육과 코코넛 우유, 코코넛 기름 등 코코넛을 다양하게 사용하며 땅콩소스, 칠리소스, 삼발소스, 달고 진한 간장의 일종인 케첩마니스가 주 소스로 사용된다. 삼발소스는 빨간 고추와 토마토, 소금에 여러 향신료를 더해 돌절구에 갈아 만드는 매운 양념으로 중독성이 강해 인도네시아인의 식탁에 반드시 올라가는 국민 소스다. 오늘은 발리의 전통요리 연구가인 샨티를 만나 발리의 대표적인 요리를 함께 만들어보기로 했다.

샨티를 만나기로 한 곳은 기아나 지역의 전통 시장 인파싸우무 기아나. 시장 근처에 가니 사테를 파는 노점이 줄지어 냄새를 피워 군침이 돌게 한다. 길거리 음식의 천국인 발리, 그 가운

데서도 닭꼬치의 일종인 사테아얌은 어디를 가도 쉽게 만날 수 있는 발리의 대표 음식이다. 숯에서 피어오르는 향과 불에 그을린 사테소스 냄새에 배가 요동치기 시작했다.

"여기서 딱 한 점만 맛보고 촬영을 시작할까?"

유혹을 이겨내지 못하고 사테 노점 앞에 서니 주인이 그 자리에서 땅콩을 갈아 향신료와 섞어 소스를 만드는 모습이 보인다. 잘게 썬 닭고기에 소스를 발라 숯에 구워낸 따끈따끈한 사테아얌은 고소하고 달콤한 맛에 불의 향이 더해져 몇 개라도 먹을 수 있을 것만 같다. 당장 맥주에 배가 찰 때까지 먹고 싶지만 촬영을 위해 꾹 참고 샨티를 만났다. 싹싹하게 인사를 걸어오는 샨티는 한눈에 보아도 믿음이 가는 인상이다.

"이 앞에서 사테를 파는 노점을 발견해 하나 맛보았는데 정말 맛있었어요."

"사테는 누구라도 좋아하는 맛이죠. 발리의 가장 대표적인 요리예요. 닭고기로 만든 사테아얌뿐 아니라 돼지고기, 해산물 등 다양한 재료로 만들 수 있어요. 혹시 다른 길거리 음식도 드셔 보셨나요?"

"길거리에서는 아직 사테가 다예요. 길거리 노점을 '카키리마 kaki lima'라고 부르죠?"

"카키리마는 이동식 노점을 가리켜요. 노점 주인들이 손수레를 끌고 마을을 돌아다니며 장사를 해요. 간단한 식사나 간식을 파는데 이른 아침이면 닭죽의 일종인 부부르아얌을 파는 카키리마의 휘파람 소리가 들려오죠. 땅콩소스가 들어간 자바식 전통 샐러드로 롱통, 끄뚜빠와 같은 떡이나 밥을 곁들여 먹는 쁘쩔, 미트볼 수프의 일종인 박소도 카키리마에서 많이 파는 메뉴예요. 박소는 인도네시아식 미트볼이 국물에 들어 있어 한 끼 식사로 많이 먹죠. 미에박소는 국수가 들어가고 국물과 미트볼만 있는 것은 박소꾸아라고 해요. 그래도 역시 가장 인기 있는 외식 메뉴는 사테아얌이에요."

내가 족자카르타에서 봤던 코코넛 기름으로 튀긴 닭튀김인

아얌고랭 또한 길거리에서 쉽게 접할 수 있는 음식이라고 한다. 발리인의 닭 사랑이 엿보이는 대목이다. 샨티가 만들어줄 음식도 닭고기를 사용한 사테아얌과 뚬아얌이다.

"닭은 축복을 빌며 바치는 제물인 동시에 신이 내린 축복의 식재료예요."

먼저 요리할 닭을 사기 위해 시장으로 들어섰다. 온갖 향신료와 채소, 과일까지 신선한 식재료가 넘쳐나는 시장은 생기로 가득 차 있다. 인도네시아의 특색이 보이는 과일, 채소 노점을 구경하고 있자니 다양한 고추가 눈에 띈다. 크기도 색도 제각각, 이곳 사람들도 한국 사람만큼이나 매운맛을 즐기는구나 싶다. 샨티는 멈춰서 장바구니에 세 가지 고추를 담았다. 차빌럼보라 부르는 큰 고추는 고운 색을 내는 용, 작고 빨간 고추인 칠리파니는 매운맛을 내는 용, 초록색의 버드아이칠리는 잘게 다져 달콤한 소스에 넣는 용이다.

발리 시장의 또 하나의 즐거움 가운데 하나는 곳곳에 있는 꽃가게다. 화려한 아름다움과 황홀한 향으로 시장에 생기를 더한다. 꽃을 파는 사람이나 들고 다니는 사람을 길거리에서도 흔히 볼 수 있는 발리에서는 하얀 꽃과 빨간 꽃, 노란 꽃을 매일 신에게 공물로 바치는데 이 외에도 결혼식을 할 때에는 마리골드 꽃으로 꾸미거나 목욕을 할 때에는 향이 좋은 일랑일랑을 욕조에 뿌리는 등 꽃이 일상적으로 사용된다.

그보다 더 발리인의 일상과 밀접한 관계를 맺는 것은 종교, 이들은 요리를 할 때에도 신에게 감사하는 마음을 가지며 요리가 끝난 뒤에는 조금씩 음식을 담아 신에게 공물로 바친 뒤에야 식사를 시작한다.

닭고기를 사기 위해 방문한 가게에서도 제물로 바치는 닭과 식용으로 쓰이는 닭을 모두 팔고 있었다. 이곳 사람들은 닭고기를 살 때 슈퍼마켓보다 재래시장을 선호하는데 가격도 저렴하지만 무엇보다 그 자리에서 닭을 바로 잡아 판매해 신선하기 때문이다. 어떤 이는 집에서 잡아먹기 위해 살아 있는 닭을 사기도 한다. 식용으로 쓰이는 것은 주로 흰색으로 3개월 정도 된 닭이 선호된다. 우리나라에서 한 달여밖에 안 된 영계를 선호하는 것과는 다른 모습이다. 부위도 우리가 다리나 날개를 선호하는 것과 달리 살집이 많은 가슴살을 좋아한다. 가격은 1킬로그램에 4만 루피아에서 5만 루피아, 우리 돈으로 3300원에서 4200원가량으로 닭가슴 살 부위는 조금 더 비싸다.

"한국에는 닭발을 활용한 요리도 있는데요, 발리도 닭발을 활용하나요?"

"그럼요, 머리부터 발끝까지 닭 전체를 요리에 사용해요. 닭발을 사용하는 요리도 있고 닭 머리를 썰어 코코넛과 향신료에 섞어 쪄 먹는 요리도 있는걸요."

닭 머리까지 먹을 정도로 발리인의 닭고기에 대한 사랑은 깊다. 섬이기에 해산물 요리가 많을 것 같지만 해변에서나 먹는 정도로 기본적으로는 닭이 이들의 주 단백질 공급원이다.

장보기를 마치고 발리의 아름다운 풍광 앞에서 요리하는 모습을 카메라에 담기 위해 해변으로 향했다. 테이블을 펴고 숯불을 피운 샨티는 곧장 요리를 시작한다.

처음으로 보여줄 요리는 뚬아얌Tum Ayam, 뚬은 바나나잎, 아얌은 닭을 부르는 말로 닭가슴 살을 바나나잎에 싸 쪄내는 요리다. 먼저 샬롯과 마늘, 강황, 레몬그라스, 버드아이칠리, 오일과 팜슈거를 '쪼백'이라고 부르는 돌절구에 갈아 양념을 만든다. 발리에서는 쪼백을 즐겨 사용하는데 재료가 짓이겨져 칼날이 달린 기계로 가는 것보다 그 향이 훨씬 근사하게 올라올 뿐 아니라 신선한 즙도 얻을 수 있기 때문이다. 잘게 다진 닭가슴살을 라임즙과 코코넛 우유, 쪼백으로 간 양념, 튀긴 양파 플레이크, 소금, 후춧가루를 더해 반죽하고 바나나잎에 올려 싼다. 바나나잎은 재료를 뭉쳐주며 동시에 근사한 향을 더하는 역할을 한다. 이렇게 바나나잎에 싼 뚬아얌을 찜기에 올려 십 분간 찌면 완성. 갓 쪄낸 뚬아얌은 바나나잎과 코코넛우유의 향이 은은하게 풍기는 부드러운 닭고기 맛이 일품, 라임즙을 넣어 닭고기의 비린내가 없고 고추와 마늘이 듬뿍 들어가 입맛을 돋운다. 초록색 잎으로 감싼 깜찍한 모양은 케이터링 메뉴나 피크닉 메뉴로도 좋을 것 같다. 고추와 마늘로 매운맛을 내면서도 코코넛이 부드럽게 감싸고, 달콤한 맛을 내는 발리의 요리는 우리나라 사람들도 충분히 좋아할 만한데 왜 많이 알려지지 않았는지 의문이다.

손이 잰 샨티는 이내 사테아얌 준비에 들어간다. 마늘과 고수, 고수씨를 쪼백에 갈고 케첩마니스를 더한 것에 닭고기를 재운다. 케첩마니스는 인도네시아의 간장으로 짠맛보다는 달콤한

맛이 더 강하다. 인도네시아의 식당에서 '소이소스'를 요청하면 이 케첩마니스를 주기 때문에 짭쪼롬한 간장을 먹고 싶다면 '솔티소이소스'라고 설명을 덧붙여야 한다.

닭고기를 재워둔 동안 사테아얌의 핵심인 사테 양념을 만든다. 땅콩의 고소한 맛을 풍부하게 내는 것이 포인트로 땅콩을 한번 튀겨 고소한 맛이 잘 우러나도록 한 뒤 쪼백에 간다. 마늘, 코리안더, 라임즙, 케첩마니스, 고추, 갈랑갈 등을 더해 팬에 조리면 고소하고 달콤하면서도 입에 짝 달라붙는 사테 양념이 완성된다. 부드럽게 재운 닭고기를 잘게 썰어 꼬치에 꽂아 숯불에 굽기 시작하자 이내 숯불에 닭고기의 육즙과 양념이 떨어지며 맛있는 내음을 솔솔 풍긴다. 숯불 향과 뒤섞인 닭고기 내음은 만국공통 침샘 유발제인지 해변에 있던 관광객이 하나둘 몰려든다. 아시아에서부터 프랑스 등 유럽 관광객까지 샨티의 손에서 구워지는 사테를 보며 침을 삼킨다. 덩이가 작아 금세 구워진 닭고기에 사테소스를 한 번 더 바르면 완성, 전통요리 전문가가 만든 것이라 그런지 과연 길거리의 사테보다 덜 자극적이면서도 향의 층이 두텁다. 입맛을 다시며 구경하는 주위 관광객에게도 꼬치를 하나씩 나눠주었다.

"오, 정말 맛있어요."

"프랑스에서도 닭고기를 많이 먹나요?"

"그럼요. 닭고기는 팬 프라이로도 오븐 찜으로도 어떻게 먹어도 맛있죠. 그런데 이건 정말 맛있네요."

사테아얌의 맛에 찬사를 보내는 프랑스 관광객. 고기를 꼬치에 꿰어 구워 먹는 문화는 우리나라와 중국, 일본은 물론 서양에서도 흔한 요리법이지만 역시 소스를 구워 먹는 고기로는 닭고기가 가장 많이 쓰이고 또 그만큼 가장 어울린다. 사테아얌이 다른 닭꼬치와 구분되는 점은 야키토리만큼 고기의 크기가 작으면서도 달짝지근한 소스 맛이 진하게 난다는 것, 전 세계인의 입맛을 사로잡은 이유다.

"이런 사테아얌이 일상적으로 먹는 음식이라면 이번에 보여드릴 '사테아얌릴릿'은 결혼식 등 특별한 날 먹는 음식입니다."

릴릿은 인도네시아어로 '돌려 감싸다'라는 뜻이다. 닭고기를 꼬치에 꿰어 굽는 사테와는 달리 곱게 다진 닭고기 반죽을 양념해 드럼 스틱 모양으로 굵은 대나무나 사탕수수, 레몬그라스 줄기에 감싸 굽는다. 샨티는 다진 닭가슴 살에 코코넛 우유와 코코넛 가루, 다진 마늘, 파, 고수를 넣어 반죽해 레몬그라스 줄기에 능숙하게 붙인다. 꼬치 대신 레몬그라스에 고기를 붙여 구우면 레몬그라스의 풍미가 자연스레 반죽에 배어들어 고기의 잡내도 없앨 수 있다. 이제 기름을 발라 숯불에 구우면 완성이다. 막대 사탕처럼 생긴 모습에 아이들이 더 좋아하는 요리라고 한다. 레몬그라스의 향이 배어든 닭고기 반죽은 코코넛이 들어가 그 맛이 끈적하고도 달콤하다. 주위에 몰려든 어린아이에게 사테아얌 릴릿을 하나씩 쥐여주니 드럼 스틱을 가졌다며 좋아한다.

샨티와 함께 음식 몇 가지를 했을 뿐인데 해변은 순식간에 작은 축제 분위기로 변했다. 구하기도 쉽고 저렴하고 무엇보다 맛있는 닭, 그래서 어떤 문화에서도 닭고기는 축제를 만들며 대중적으로 가장 사랑을 받는 식재료다. 돼지나 소, 혹은 오리 등은 문화권이나 사람에 따라 호불호가 갈리고는 하지만 닭은 누구에게나 친숙하다. 그래서 발리인은 닭을 더 신성시하지 않았을까? 가장 높은 것은 가장 낮은 곳을 향해 흐르듯, 모두를 위한 닭은 인류에게 신의 축복이었으리라.

브로모 화산의
야드냐 카사다

　동자바의 주도 수라바야에서 네 시간 거리에 있는 브로모산은 세계에서 화산이 가장 많은 나라인 인도네시아에서도 아름다운 화산으로 꼽는다. 특히나 화산 너머로 붉은 해가 떠오르는 장엄한 풍광은 평생 잊기 힘든 장관을 연출하며 많은 여행자들을 불러 모은다. 해발 2392미터의 높이, 다른 인도네시아의 화산에 비해서 규모는 작아도 높이는 꽤 된다. 해마다 전통 힌두 태음력에 기반한 카사다 달의 14일에는 힌두교 최고신인 '상향 위디'를 기리기 위한 야드냐 카사다 행사가 개최되어 신자와 관광객이 몰려든다.

　"이것 참 희한하네."

　분명히 계곡 위에서 봤을 때에는 코앞에 있는 것만 같던 화산이 계곡 아래, 분지로 내려오자 가까이 다가올 생각을 안 한다. 광활하게 펼쳐진 모래사막과 그 앞으로 우뚝 솟은 화산, 그리고 화산을 눌러싼 구름이 꼭 신기루 같다. 브로모 화산을 가기 위해 가장 가까운 도시에서 출발한 지 한참, 화산이 있는 거대한 분지를 마주하고 기뻐했지만 막상 화산은 가까워지지 않는 것이다. 계곡 거대한 분지 안에 우뚝 서 있는 브로모 화산은 분지와 접한 계곡까지 올라간 뒤 다시 화산이 있는 분지로 내려가 평평한 모래사막을 이십 분간 달려야 닿을 수 있었다. 높은 경사의 화산을 오르기 위해서는 말을 타야 하기에 모두 차에서 내려 화산지대의 원주민 텐카족의 안내를 받아 말로 갈아탔다. 높은 경사를 앞서거니 뒤서거니 사람과 짐을 실은 채 올라가는 말들은 이 길이 아주 익숙한 듯하다. 아직 동이 트기 전이기에 푸른 어둠 속을 비추는 것은 일렬로 줄지어 올라가는 이들의 랜턴뿐이다. 말을 타고 높은 경사를 올라가길 사십 분, 서서히 분화구가 가까워지자 화산을 둘러싼 구름 안으로 들어온 것이 피부로 느껴진다.

동쪽 하늘을 가만히 응시하고 있자니 마치 태초의 붉음이 거기에 있듯, 새빨간 해가 머리를 드러내기 시작한다. 태양을 삼킨 듯 붉다는 표현이 있었던가. 태양은 그 자체로 태양인데 그 붉음을 뭐라 설명해야 할지 모르겠다. 강렬하되 맑고, 맑되 선명한 붉은 해는 화산을 둘러싼 구름바다의 장막을 헤치고 순식간에 떠오른다. 마치 구름이불을 걷고 일어나는 아침의 생명처럼. 해가 뜨자 브로모 화산도 제 위용을 드러낸다. 거대한 분화구에서 끊임없이 뿜어지는 새하얀 연기, 분화구와 이 세계를 감싼 구름 융단은 이 세상이 이 세상이 아닌 듯한, 말 그대로 하늘나라로 온 듯한 착각을 불러일으킨다. 현지인이 이곳을 신들의 거처로 여겨 신성시하는 이유를 알 수 있다.

　분화구를 오르며 보았던, 새벽부터 꽃과 제물을 든 채 줄지어 오르던 이들 또한 이 산에 거처하는 '불의 신'을 경배하기 위해 오늘 이곳을 찾았다. 마침 카사다 축제 기간이었다. 분화구 주변에는 아침 이른 시간에도 의식을 치르기 위해 순례 길에 오른 이들과 이들에게 제사에 쓰일 꽃과 제물을 파는 행상들로 북적이고 있다. 의식을 치르기 위해 준비하고 있는 현지인과 인터뷰를 할 수 있었다.

"오늘 치르는 의식은 어떤 의미인가요?"

"브로모 화산에는 슬픈 전설이 있습니다. 오랜 옛날 조코 세거Joko Seger라는 왕과 로로 안텡Roro Anteng이라는 왕비가 살고 있었는데, 불행하게도 그들에게는 아이가 없었죠. 왕과 왕비는 브로모산의 신에게 아이를 낳게 해달라 빌었고 신은 여러 명의 아이를 줄 테니 막내아들을 제물로 바치라는 조건을 걸었습니다. 신과 약속을 한 왕과 왕비는 여러 명의 자식을 얻었지만 막상

자식을 낳고 보니 도저히 사랑하는 막내아들을 신에게 줄 수 없었던 거죠. 왕과 왕비가 약속을 계속 미루자 참다못한 신은 약속을 어긴다면 나라에 재앙을 내리겠다고 합니다. 그런데 이 사실을 알게 된 막내아들이 스스로 브로모 화산의 분화구에 몸을 던져 신의 노여움을 풀고 나라를 구했다는 이야기입니다."

"해마다 그날을 기리기 위한 의식을 하는 거군요."

"사람들은 그 아들을 기릴 뿐 아니라 매년 산의 신에게 살아 있는 제물을 바쳐 감사의 마음을 전하고 평화와 번성을 기도하는 의식을 치릅니다."

"살아 있는 제물이요? 이 주변에는 꽃을 파는 청년들이 많은데요."

"살아 있는 제물뿐 아니라 꽃과 동전, 쌀, 과일, 채소 등의 먹을거리도 함께 바치죠. 살아 있는 제물은 닭입니다."

그제야 텐가족이 들고 있는 산 닭이 보인다. 이들은 신의 노여움을 풀고 감사를 드리기 위해 사람을 대신해 살아 있는 닭을 바친다. 의식이 시작되자 텐가족이 분화구를 둘러싸고 닭을 품에 안은 채 일렬로 선다. 저 닭들은 사람을 대신해 분화구에 던져지는 자신의 처지를 알고 있는 것일까? 상념에 잠기기도 잠시, 이내 닭들이 한 마리씩 분화구에 떨어진다. 이글이글 끓어오르는 분화구로 들어가는 닭, 그 뜨거운 열기로 닭은 이내 녹아 들어갈 것이다.

"어……? 닭이 저기 그대로 살아 있는데요?"

뜨거운 열기로 녹아내릴 끔찍한 장면을 상상하고 있던 것도 잠시, 닭은 분화구에서 30미터 정도 떨어진 모래더미에 안착해 푸드덕거리더니 이내 유유히 돌아다닌다. 분화구에서 구멍으로 가는 경사가 아무리 가파르다 한들 낭떠러지가 아닌 이상 닭이 곧장 떨어질 수 없는 것, 곧이어 어디서 나타났는지 모를 청년들이 하나둘씩 떨어지는 닭과 음식물을 분주히 주워 망에 담는다. 낭떠러지는 아니어도 가파른 경사에서 움직이는 모습이 꽤나 위험해 보인다.

"저 사람들은 뭘 하고 있는 거죠?"

"이곳의 주민이에요. 이들은 분화구로 의식을 치르러 오는 이들을 안내하거나 이들이 치를 제사 음식을 팔아 돈을 벌고 또 저렇게 바쳐지는 음식들을 가져가 살아가죠."

어떤 이는 공양물이 더 깊은 곳으로 떨어지기 전에 아예 채집망을 휘둘러 낚아채기도 한다. 신성한 의식 뒤에 벌어지는 모습치고는 지나치게 현실적인 장면이지만 우리가 조상을 위해 차례를 지낸 뒤, 그 음식을 나눠 먹는 것과 같은 이치다.

야드냐 카사다 의식은 한때 강력했던 13세기 동자바의 마자파힛 왕국의 후계자인 뜽게레 사람들에 의해 보존되고 있다. 왕국의 멸망으로 산꼭대기로 피신한 그들이 이슬람교가 득세하는 자바섬 내에서 오늘까지 힌두교와 애니미즘, 대승불교가 뒤섞인 마자파힛 왕국의 믿음을 지켜오며 삶의 방식으로 받아들이고 있는 것이다. 이들의 삶은 종교와 떼어 생각할 수 없으며 이것이 바로 인간과 신의 공존인 셈이다.

종교가 무엇을 먹고 마실 수 있고, 반대로 무엇을 먹고 마셔서는 안 되는지를 규정했던 전통 사회에서 '일용할 양식'이 지닌 신성한 가치를 자연스럽게 체득할 수 있었다. 세속화된 현대 사회에서 식재료와 음식에 담긴 가치는 사라지고 사람들은 오직 맛과 '가성비'만을 이야기한다. 닭 역시 '상징과 의미'의 깃털을 다 뽑힌 채 슈퍼마켓의 냉장고에 쌓인 식재료로 전락했는지 모른다. 뭉게뭉게 펼쳐진 구름과 하늘, 거대한 분화구의 피어오르는 흰 연기, 웅장한 대자연의 풍광 속에서도 인간의 삶은 이어진다. 그리고 그 안에서 닭은 하늘의 전령이자 땅의 사신으로 인간과 신을 이어주고 있었다.

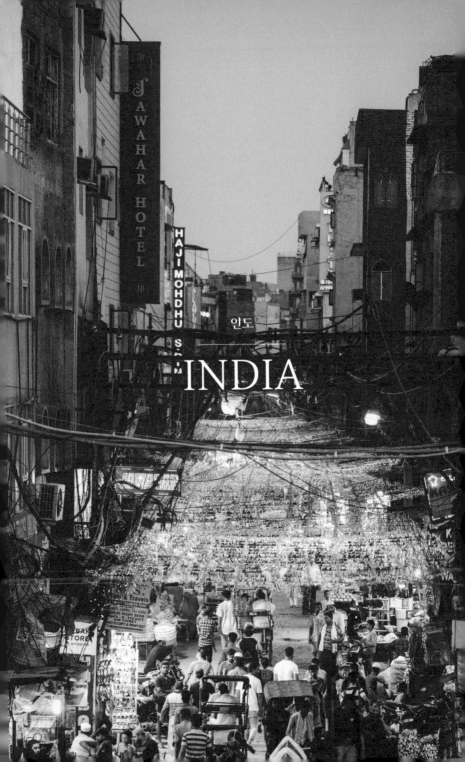

안도

INDIA

무굴제국의
요리

한 집 건너 치킨집, 전 세계 맥도널드 매장 수를 합친 것보다 치킨집이 더 많다는 나라, 한국. 하지만 세계의 소비량 통계를 찾아보면 의외의 사실에 놀란다. 한국인의 1인당 연간 닭고기 소비량은 세계 20위권 전후로 많지 않다. 우리보다 닭을 많이 먹는 나라가 최소한 19개국이라는 것이다. 원인이 무엇일까, 따져보면 한국인은 집에서 닭 요리를 해먹는 경우가 별로 없고, 주로 외식으로만 닭을 소비하는데 그 메뉴도 프라이드치킨에 치중해 있기 때문이다. 1년 내내 외식뿐 아니라 집밥 메뉴로도 닭을 즐겨 먹는 나라가 있다. 세계 최대의 닭고기 소비국 가운데 하나인 인도다. 그만큼 다양한 닭고기 요리가 탄생한 곳이 인도이기도 하다.

뿌연 먼지를 가르고 질주하는 오토바이 행렬, 색색 비단을 걸어둔 포목점과 온갖 향신료를 쌓아둔 가게들, 귀를 찢는 클랙슨 소리와 그 사이를 헤치고 웃고 떠들고 소리 지르며 걷는 수많은 사람들. 인도 델리는 수많은 인간 군상과 희로애락이 폭탄처럼 강렬하게 터져 나와 처음 발을 딛는 초짜 카메라맨이라면 정신을 잃고 흥분 상태에 빠져 카메라 버튼을 끄지 못하기 마련이다. 온갖 색채와 소리와 냄새의 향연이 카메라를 들이대기만 해도 마치 예술작품을 찍는 듯한 착각에 빠지게 만들기 때문이다.

델리를 찾은 것은 라마다 기간, 가뜩이나 붐비는 인도의 거리는 온갖 탈것과 사람으로 꽉 차 도저히 차가 들어갈 상황이 아니다. 인간이 만든 모든 탈것을 볼 수 있는 곳, 이것이 델리의 매력이지만 무거운 촬영 장비가 한 가득이라 결국 차 대신 릭샤로 이동하기로 하고 세 대로 나누어 탔다. 수천 년의 시간이 한 도로 위를 달리는 듯한 기분, 나는 47도의 찌는 듯한 델리의 거리를 지나 이슬람 사원에 도착했다.

이슬람 사원은 모스크mosque라 불리는데 이는 '몸을 엎드리는 곳'이라는 뜻으로 이집트의 방언 'masgid'에서 프랑스어 'mosquee'를 거쳐 붙여진 이름이다. 라마단을 맞은 모스크는 전국 각지에서 모여든 무슬림으로 가득 차 있다. 이 기간 동안 멀리서 온 무슬림은 사원에 돗자리를 깔고 지내기도 하고 가족이 사원에서 모여 기도를 나누기도 하기에 사원 밖 광장까지 엄청난 인파가 몰려 있다. 다종교 국가 인도는 힌두교가 전체 인구의 80퍼센트 이상으로 가장 많은 비율을 차지하고 있지만, 이슬람교와 기독교, 불교 등등 다양한 종교를 지닌 사람들이 한데 어우러져 살아간다. 이슬람 인구는 전체 인구의 13퍼센트 정도, 적은 것 같아도 인도의 인구가 13억인 것을 생각하면 무슬림 수도 엄청나다는 것을 알 수 있다.

　　　　　치킨인류

이슬람어로 '더운 달'을 뜻하는 라마단은 천사 가브리엘이 무함마드에게 코란을 가르친 신성한 달로 여겨, 이 기간에는 해가 뜬 동안 금식을 하며 하루 다섯 번의 기도를 올려야 한다. 라마단 기간의 금식은 굶주린 가난한 자들의 고통을 직접 느끼고 이해하는 것, 그리고 신에 대한 충성도의 시험이라는 두 가지 의미를 지닌다. 한 달 반 진행되는 이 종교적인 축제 동안 무슬림은 실제로 해가 뜰 때는 물조차 마시지 않고 공복으로 생활하고 일을 한다. 해가 뜬 동안은 담배와 성생활도 금지다.

그런데 재미있는 사실은 라마단 동안 오히려 무슬림의 음식 소비량이 평소보다 1.5배나 증가한다는 것. 해가 진 시간에는 식사가 가능하기 때문에 낮 동안의 공복을 채우기 위해 더 많은 음식을 먹는다. 레스토랑에서도 이때는 고칼로리의 음식을 준비

한다. 기도를 올리기 위해 사원에 온 무슬림과 이야기를 나눴다.

"이슬람 사원인데 힌두교인이나 외국인도 있네요. 모스크는 모두에게 개방된 곳인가요?"

"모스크에서는 사람들의 종교를 따지지 않아요. 이슬람교인이든 다른 종교를 가졌든 상관이 없습니다. 그리고 이곳은 인도 최대 규모의 모스크예요. 세계 각지에서 사람들이 오죠. 해가 지면 이곳에 누구나 먹을 수 있도록 음식이 차려집니다. 무슬림이 아니어도 그 음식을 먹으려고 오는 사람들도 있어요."

라마단이 특별한 이유는 부자와 가난한 사람을 나누지 않고 모두가 평등하게 금식을 하고 모두가 평등하게 음식을 나눠 먹기 때문이다. 사원에 큰돈을 기부하는 부자 무슬림이나 다른 종교의 굶주린 이나 사원에서 다 함께 같은 음식을 나눈다. 종교와 귀천에 상관없이 모두가 음식 앞에 평등해지는 기간, 그래서 라마단의 금식 기간은 역설적으로 음식을 같이 나누는 축제의 기간이기도 하다.

사원 앞의 길거리 노점이나 레스토랑도 낮에는 문을 닫았다 해가 지고 나면 앞다투어 문을 연다. 뉘엿뉘엿 해가 지고 나는 고소한 기름 냄새가 진동하는 파코라pakora 노점 앞에 섰다. 파코라는 인도의 튀김을 가리키는 말이다. 라마단에는 더 달고 기름진 고칼로리 음식이 인기다. 바삭한 튀김옷 안에는 버팔로 젖으로 만든 인도식 치즈가 들어 있는데 그 맛이 아주 신선하고 훌륭하다. 인도의 북부 지역은 남부에 비해 육류와 유제품을 많이 먹고 사모사와 같은 튀김 종류가 발달했다. 그 가운데서도 델리는 가장 사람이 많고 번화한 곳으로 인도의 온갖 음식이 다 모인 보석함과도 같다. 치즈 파코라로 입맛을 돋운 나는 유명한 무굴 레스토랑인 '카림스Karim's'를 찾았다.

1913년 작은 가게 하나로 시작한 카림스는 점차 유명해지며 영국 BBC와 〈내셔널지오그래픽〉〈타임스〉 등 각종 매체에 소개되기도 하는 등 현재는 델리에서 가장 유명하고 오래된 무굴 레스토랑으로 그 명성을 떨치고 있다. 골목 하나가 전부 카림스일 정도로 늘어나 현재는 곳곳에 분점만 28개에 이르렀다. 라마단 기간이기에 저녁 7시가 되어야 문을 열기 시작하는데 4대째 대를 이어 이곳을 운영하는 사장을 만났다.

"증조할아버지는 무굴제국의 마지막 궁중요리사였어요. 증조할아버지가 문을 열었을 당시에는 무슬림 음식을 먹을 곳이 이곳밖에 없었죠. 우리는 옛날 레시피를 그대로 지키며 타협 없이 전통 무굴 음식만 합니다. 아들들 역시 전통 무굴 요리사로 일하며 대를 이어가고 있어요."

16세기부터 19세기까지 인도 대륙을 지배했던 무굴왕조, 이슬람 세력인 이들은 인도의 음식 문화에 큰 영향을 끼친다. 페르시아 문화와 터키의 문화가 합쳐져 찬란히 꽃피운 무굴. 그 자체로 여러 문화의 종합인 이 무굴 문화가 다시 시크교와 힌두교의 문화와 합쳐져 현재 인도의 식문화가 발전했다. 따라서 인도의 식문화는 어느 한 문화의 음식이라고 말하기 힘들다.

대표 메뉴인 탄두리치킨 역시 무굴 레스토랑에서 빠질 수 없는 메뉴면서 동시에 인도 전체를 대표하는 닭 요리기도 하다.

기름이 쏙 빠진 살에 독특한 양념을 더해 전 세계적으로 인기 있는 탄두리치킨은 1920년대 인도가 영국의 식민지던 시절에 탄생했다. 현재 파키스탄의 영토인 페샤와르 지역의 식당 '모티 마할'의 주인 '쿤단 랄 구지랄'이 빵을 굽는 화덕에 양념된 닭을 구워봤더니 그 맛이 좋아 가게에서 팔기 시작했고, 이것이 인기를 끌며 펀자브 지방을 거쳐 인도 전역으로 퍼져나가 지금의 탄두리치킨이 되었다. 탄두리치킨은 닭에 수십 가지 향신료와 요구르트를 발라 재운 뒤 탄두르 화덕에 구워 만드는데 양념의 조합은 집집마다 다르다.

카림스에서는 카다멈과 로즈마리 등 21가지의 향신료와 허브를 섞은 양념에 열두 시간 닭을 재워 굽는다. 커다란 탄두르 화덕에서 꺼낸 주황빛 탄두리치킨은 겉은 말라 있는 듯 보이지만 속은 촉촉하고 매콤하면서도 단 향이 은은히 퍼지는 양념이 일품이다. 우리나라에서 먹었던 탄두리치킨보다도 훨씬 부드러운 육질이 인상적이다.

"델리에서는 탄두리치킨을 위해 닭고기를 재울 때 파인애플이나 멜론처럼 연육작용을 할 수 있는 과일을 함께 갈아 넣어요. 그럼 훨씬 부드러워지죠."

탄두리치킨 맛의 또 한 가지 비밀은 '기Ghee'다. 인도의 전통 버터인 기를 닭이 구워지는 중간중간, 혹은 마지막에 발라 풍미와 깊은 맛을 더하는 것. 일종의 정제 버터인 기는 우유가 캐러멜 맛과 향이 날 때까지 약한 불에서 끓인 뒤 발효시켜 크림 상태로 만들고, 이걸 또다시 가열, 냉각해 만드는 것으로 일반 정제 버터보다 유통기한이 길고 발연점이 190도로 높아 튀김이나 소테 등 다양하게 사용된다. 인도에서는 식용유 대신 기를 쓰는 경우도 많다.

탄두리치킨을 굽던 화덕에서 이번에는 양념한 닭고기 조각을 꼬치에 굽는다. 이렇게 구운 것은 치킨티카, 탄두리치킨과 재료와 만드는 법은 똑같지만 순살로 조각내 꼬치에 꿰어 굽는 점이 다르다. 또 다른 대표 메뉴는 염소 다리를 통으로 구워 내는 '머튼바', 양이 많아 4~6명이 먹어야 하고 하루 전에 주문해야 한다. 다른 나라에선 머튼mutton이 양고기를 가리키지만 인도에서는 염소고기도 머튼이라고 부른다. 양고기는 비싸고 이슬람 종교에서는 돼지고기 먹는 것이 금기, 힌두교에서는 소고기 먹는 것이 금기기 때문에 인도에서는 고기를 시키면 대부분이 닭고기 아니면 염소고기다.

"염소고기는 기름기가 많아서 자주 먹기 힘들어요. 그런데 닭은 매일 먹을 수도 있죠. 인도에 있는 사람들은 일주일에 적어도 두세 번 닭고기를 먹을 거예요."

나는 본격적으로 인도의 식문화를 탐구하기 위해 거리로 나섰다.

거리 곳곳이
레스토랑

미식가와 고급 레스토랑의 스타 셰프까지 스트리트 푸드에 관심을 갖는 요즘, 길거리의 음식은 인테리어나 서비스 없이 오로지 음식 하나로만 승부를 하기에 맛 자체가 주인공이다. 길거리가 곧 맛의 격전지인 셈이다. 특히 델리는 탄두리치킨부터 커리까지 온갖 종류의 음식 판이 열리는 길거리 음식의 천국이다.

인도의 현지 식문화를 체험하기 위해 인도의 유명 푸드 블로거 자이눌 아베둔의 안내를 받으며 델리 구석구석을 탐험하기 시작했다. 해가 진 델리의 광장은 노점과 테이크아웃 전문점에서 음식을 포장해 먹는 인도인으로 꽉 들어차 발을 디디기 힘들 정도다. 현지인에게 인기가 많은 가게는 밀려드는 사람들로 주문하기조차 힘들다.

자이눌의 안내로 맛있는 탄두리치킨을 먹을 수 있다는 한 노점으로 갔다. 레스토랑의 탄두리치킨과 달리 탄두르 오븐에서 굽지 않고 숯에서 직화로 굽는 곳, 마치 자메이카의 오리지널 저크치킨과 길거리의 팬바비큐치킨의 차이 같다. 양념을 바른 닭고기에 중간중간 기 버터를 뿌리며 숯불에 구워 훈연의 향이 더욱 흠뻑 배어 있다. 탄두리치킨 꼬치 하나의 가격은 100루피, 우리 돈으로 1700원이니 상당히 저렴한 편이다.

"엄밀히 말하면 탄두리치킨은 아니지만 탄두르 화덕에 굽지 않고도 탄두리치킨이라고 파는 곳이 많아요."

"숯불 향이 장난이 아닌데요? 레스토랑에서 먹는 것보다 훨씬 강렬한 맛이에요."

레스토랑의 탄두리치킨 맛이 은은했다면 거리의 탄두리치킨은 그보다 훨씬 자극적이고 강렬하다. 대중적인 음식점일수록 간이 강하고 맛이 자극적인 것은 세계 공통이다. 인도의 노점이 인상적인 것은 그 강렬한 맛 안에서도 닭고기 본연의 신선한 맛이 살아 있다는 점이다. 근처의 닭고기 가게에서 막 도축한 신선한 닭고기를 사와 직접 배합한 향신료로 고기를 재우기 때문이다.

"탄두리 양념이나 마살라도 직접 향신료를 사 배합해 만들어요. 그 편이 싸니까요."

고기는 근처 도축장에서, 채소는 시장에서 파는 로컬 채소를 사용하고 양념 하나까지 모든 재료를 직접 만들어 파는 델리 노점상의 모습은 최근 파인다이닝 레스토랑 트렌드인 'Farm to Table'을 똑 닮았다. 파인다이닝에서 추구하는 미식의 가치를 이들은 이미 실현하고 있는 것. 인도에서 진짜 맛을 느끼고 싶다면 반드시 거리에 나와야 하는 이유다. 광장을 가득 채운 현지인들에게 가장 인기가 많은 메뉴는 '아프가니치킨', 하얀 버전의 탄두리치킨과 같은 모양새다.

"생강과 요거트, 마늘을 넣어 만든 소스를 발라 숯불에 구운 거예요. 아프가니스탄 스타일이라 해서 아프가니치킨이죠."

과연 마늘 맛이 듬뿍 나는 것이 마늘로스트치킨 같기도 하고 한국인의 입에 딱 맞는다. 함께 주는 처트니를 찍어 먹으면 단조로울 수 있는 맛에 악센트가 더해진다. 촉촉하고 짭짤하고 기름져 줄서서 사먹을 만하다. 언뜻 보기엔 다 같은 탄두리치킨을 파는 것 같아도 탄두리치킨, 아프가니치킨, 뼈가 있는 것, 순살, 가슴살, 다리 등 다른 부위와 조리법 등 메뉴가 다양하다.

우리가 먹는 평범한 프라이드치킨을 파는 곳도 있는데 반 마리에 1700원, 옛날 시장 통닭의 맛과 인심을 떠오르게 한다. 닭 가슴 살 등 닭의 살코기 부위를 으깨 부드러운 반죽으로 만든 뒤 꼬치에 길쭉하게 붙여 구워 파는 치킨 케밥도 인기다. 광장 바닥에 자리를 깔고 앉아 다양한 치킨 요리를 먹고 있는 인도인, 우리라면 맥주가 빠질 수 없는 광경인데 이곳에서는 맥주보다 환타, 스프라이트 등의 청량음료를 먹는 게 일반적이다. 이렇게 독특한 자신만의 식문화를 꽃피운 먼 나라까지 깊숙이 침투한 글로벌 식품 기업의 거대 자본의 힘을 다시 한 번 실감한다. 하지만 나는 자이눌을 따라 다니면서 아무리 거대 글로벌 기업이 들어와도 인도 요리사의 내공 깊은 손맛은 무너뜨리지 못할 것이라는 확신이 들었다.

다음 날 자이눌이 안내한 좁은 골목에는 튀긴 빵을 수북이 쌓은 가게가 줄지어 있었다.

"파라타로 유명한 골목이에요, 여기에서도 가장 유명한 가게의 것을 맛보여 드릴게요."

파라타Paratha는 밀가루 반죽에 기 버터를 발라 여러 번 접어 구워내 페이스트리처럼 겹겹인 인도 플랫브레드의 일종이다. 밀을 주식으로 하는 북인도 사람들이 식사로 즐겨 먹는 빵 가운데 하나로 남인도에서는 쌀가루로 만든 마살라 도사를 주로 먹는다.

그의 안내를 받아 들어간 가게에서는 요리사가 분주하게 움직이며 끊임없이 파라타 반죽을 밀대로 밀고 있었다. 밀가루와 소금, 기름, 물로 만들어진 반죽을 숙성한 뒤 밀대로 얇게 펴고 여기에 기를 발라 접고, 다시 둥글게 말아 밀대로 미는 과정을 반복하는 것이 꼭 크루아상 같은 페이스트리류 빵 반죽을 하는 모습과 비슷하다. 마지막으로 얇게 편 반죽은 무쇠 팬에서 튀겨내는데 이때 반죽의 끝에 완두콩이나 풋고추, 인도식 치즈인 파닐 등의 소를 넣기도 한다.

"파라타 전문 매장에서는 튀기는 곳이 많지만 집에서 먹을 때는 번거롭기도 하고 건강을 생각해서 기 버터를 발라 구워서 먹어요."

완두콩 파라타와 파닐 파라타를 주문하고, 여기에 감자커리와 호박커리, 처트니를 추가했다. 파라타를 간식으로 먹을 때에는 가볍게 버터만 발라 먹거나 달콤한 소를 넣어 먹지만 식사로는 커리나 처트니, 인도식 요구르트인 다히dahi 등을 곁들여 먹는다. 곧 고추와 완두콩을 넣은 파라타와 파닐 치즈에 마살라를 넣은 파라타가 나왔다. 갓 튀겨 따끈한 파라타는 로티나 난보다 고소하고 안에 들어간 채소와 치즈가 입맛을 돋운다. 이걸 손으로 뜯어 커리에 찍어 먹는데 커리의 맛이 매콤하면서도 진해 끊임없이 손이 간다.

"감자를 넣은 채소커리는 북부 인도에서 가장 대중적인 음식이에요. 레스토랑에서도 많이 먹지만 집에서도 일상적으로 먹는 음식이에요."

감자와 콩, 치즈, 호박 등을 넣어 고기 없이도 놀라운 맛을 내는 인도의 커리, 인도인은 채소커리를 섭지sabzi라고도 하는데 섭지는 채소로 조리된 음식 그 자체를 가리키기도 하지만 채소를 일컫는 말이기도 하다. 인도는 전체 인구의 50프로 이상이 채식주의를 실천한다고 할 정도로 채식이 대중화된 나라로 그만큼 채식 요리가 발달해 어느 레스토랑에 가도 흔하게 만날 수 있다. 맥도널드나 KFC 등의 프랜차이즈에서도 채식 버거 등 채식 메뉴를 제공할 정도다. 렌틸콩을 비롯한 다양한 콩, 여러 가지 감자, 꽃양배추, 밀가루 등등이 채식을 하는 이들이 주로 먹는 메뉴다.

그를 따라 포크나 숟가락을 사용하지 않고 손으로 파라타와 처트니를 찍어 먹으니 현지 인도인이 된 기분이다. 인도에서는 음식을 건넬 때 오른손으로 주지 않으면 예의에 어긋나는 것이라는 말을 듣고 왔는데 정작 인도의 요즘 젊은이는 미신이라고 믿지도 지키지도 않는다고 한다. 파라타와 채소커리로 어느 정도 배를 채웠는데 자이눌이 이번에는 인도식 한 상 차림을 맛보여주겠다고 한다.

우리가 들어간 식당은 탈리 전문점이다. 탈리thali는 큰 쟁반으로, 밥 혹은 로티, 차파티 등의 빵과 커리나 처트니, 피클, 요거트, 디저트 등이 한 쟁반에 차려진 것을 뜻한다. 우리로 치면 백반 한 상과 마찬가지. 일반적으로 탈리의 가격은 어디를 가나 300루피에서 500루피 동일한 수준으로 식당마다 들어가는 메뉴 구성이 다르다. 남부는 빵 대신 쌀밥에 오크라 요리 등 채소 요리가 올라가는 것이 일반적이고 북부의 경우에는 발효되지 않은 인도식 납작한 빵인 차파티 혹은 둥그렇게 부푼 모양의 튀긴 빵인 뿌리puri가 올라가고 육류를 이용한 요리가 더해지기도 한다.

탈리 또한 손을 이용해 먹는데 밥의 경우엔 밥을 커리나 채소 요리 수에 따라 조금씩 나눈 뒤 그 위에 커리를 붓거나 채소 요리를 얹어 손으로 고루 섞은 뒤 먹는 방식이다. 이렇게 손을 사용해 음식을 먹기 때문에 인도의 레스토랑에는 손을 씻을 수 있는 세면대가 준비되어 있고 고급 레스토랑의 경우에는 테이블로 손을 닦을 수 있는 물이 든 그릇을 가져다주기도 한다. 우리도 손을 씻고 차파티로 커리와 처트니, 삼발소스 등을 차례로 찍어 먹기 시작했다. 언뜻 보기엔 소스 위주라 달리 먹을 것이 없어 보였는데 하나하나가 다양한 향신료를 사용해 다채로운 맛을 내서 지루할 틈이 없는 맛이다. 쓰는 재료는 비슷해도 맛이 다 다른 이유는 바로 향신료에 있었다.

맛의 천국
향신료의 천국

델리에 있는 최대 향신료 도매 시장인 카리바올리 시장에 도착하자 매콤하고 달콤하고 향긋한 내음이 한데 뒤섞인 강렬함에 코가 얼얼했다. 거대한 자루마다 수북이 쌓인 형형색색의 향신료들, 인도의 모든 음식이 이곳에서 시작된다고 해도 과언이 아니다. 인도인은 향신료를 이용해 감자나 닭고기 등 한 가지 재료로도 1000가지의 맛을 내는 향신료의 마법사다. 세계 향신료의 약 50퍼센트가 인도에서 재배되며 종류만 해도 70여 가지에 달한다. 인도 향신료의 역사는 1000여 년 전으로 올라간다. 문명권에서 온 상인에 의해 전 세계의 각종 향신료들이 유입되어 인도 전역으로 퍼져 재배되기 시작했고, 곧 인도는 세계 향신료의 중심지가 된다.

카리바올리에 있는 상점들은 대부분 오랜 역사를 지닌 노포들, 델리는 360년 전 무굴제국의 수도일 때부터 지금까지 인도에서 가장 활기찬 상업 도시다. 강력한 향으로 가득 찬 가게에는 카다멈과 정향, 쿠민시드, 고수씨, 후추, 카이엔페퍼, 터머릭,

시나몬 등 다양한 향신료와 설타나, 무화과, 아몬드, 피스타치오 등 말린 과일과 견과류가 쌓여 있다. 이런 향신료 가게를 '아프간스토어'라고 부르기도 하는데 옛날에 아프가니스탄에서 들어온 향신료가 많기 때문이다.

"견과류나 건과일은 주로 남인도에서 오고 설타나는 아프가니스탄의 카불에서 가져온 것이에요. 향신료, 견과류마다 원산지가 다양해요."

카다멈은 카다멈대로, 쿠민은 쿠민대로 좋은 품질을 생산해 내는 원산지가 다르다. 아몬드만 해도 품종과 품질에 따라 그 종류가 여러 가지다. 인도인은 이 다양한 향신료를 자신만의 취향과 비법으로 섞어 '마살라masala'를 만든다. 마살라는 혼합된 향신료를 뜻하는데 우리의 음식이 장에 따라 그 맛이 달라지듯

인도 요리는 마살라에 따라 맛과 향이 크게 좌우된다. 1780년대 영국에서 가루 형태의 마살라에 '커리파우더'라 이름 붙여 팔기 시작하면서 인도를 제외한 나라에서는 '커리파우더'라 알려졌다. 우리나라에서 판매되는 시판 커리가루의 경우 향신료뿐 아니라 입맛에 맞춘 재료와 전분이 혼합되어 있어 인도의 마살라와는 그 맛과 조리법이 조금 다르다.

마살라는 적게는 세 가지에서 20여 가지의 향신료를 혼합해 만드는데 이런 가게에서 원하는 향신료를 원하는 배합으로 섞어 구매하면 그라인더로 갈아준다. 마살라 가운데 가장 유명한 종류로 가람마살라가 있다. 가람garam은 '뜨거운'이라는 의미로 매운맛을 내는 향신료가 혼합된 것이다. 가람마살라에는 고수, 쿠민, 생강 등과 함께 옛날 향신료 무역에서 중요한 역할을 했던 계피, 정향, 카다멈, 육두구, 사프란 같은 비싼 재료들이 포함되어 과거에는 서민은 접하지 못하는 귀한 재료로 사용되었다. 가람마살라는 커리나 처트니의 기본 재료가 되고 고기 요리에도 즐겨 쓰며 특히 인도 북부에서 많이 사용한다. 탄두리마살라는 탄두리치킨에 쓰며 고수씨, 칠리, 생강, 터머릭 등이 섞인다. 마살라를 요리에 넣기 전 마른 팬을 달궈 한번 볶아주면 그 향이 한층 진하게 올라온다. 향신료의 향을 폭발적으로 끌어올리기 위해 기름에 마살라를 넣고 볶는 요리법도 발달했다. 마살라를 갈 때 마늘이나 생강 등 젖은 재료를 넣고 갈아 페이스트 형태의 마살라인 차웅크chaunk를 만들 수도 있다.

"마살라 문화 덕에 인도 요리는 간편하게 풍부한 맛을 끌어

올릴 수 있어요. 집에서 채소커리를 만들 때에도 기호에 맞는 마살라를 기름에 볶다가 물과 재료를 넣고 끓이면 끝이에요. 그런데 고기 경우에는 상대적으로 마살라 선택에 까다로워요. 지방 분해를 도와주는 향신료를 써야 고기가 부드러워지고 특유의 풍미가 잘 올라오거든요. 고기 요리를 할 때 빼먹지 않는 향신료는 카다멈과 후추, 시나몬이에요."

가게에서는 직접 배합하기 힘들어하는 손님들을 위해 가람마살라, 탄두리마살라, 고기용 마살라 등을 직접 배합해 판매하기도 한다. 들어가는 향신료의 종류나 배합에 따라 수천, 수만 가지의 마살라를 만들 수 있기 때문에 탄두리치킨의 경우에도 레스토랑마다 집집마다 그 맛이 다른 것이 마살라의 매력이다. 인도에서 닭고기가 유독 인기가 높은 까닭도 종교적인 이유로 다른 고기보다 먹을 수 있는 이들이 많은 점도 있지만 마살라의 다채로운 색상으로 채우기에 닭고기가 가진 하얀 캔버스와 같은 특성이 딱 맞아떨어지기 때문 아닐까? 같은 메뉴를 팔아도 그 맛이 다 다르다는 것을 이미 무굴 레스토랑과 길거리 노점에서 느꼈던바, 멈추지 않고 또 다른 인도 레스토랑을 찾았다.

두 종류의 치킨커리와 탄두리치킨을 주문한 뒤 둘러본 주방, 이곳 역시 고기를 마살라에 몇 시간 재운 뒤 탄두르 화덕에서 구워낸다. 이곳에서 먹은 탄두리치킨의 맛은 이제까지와 또 미묘하게 달랐는데 이는 역시 마살라 배합의 차이리라. 어떤 곳은 탄두르에 구운 뒤 풍미를 더하고 촉촉하게 하기 위해 고기를 재워두었던 즙을 뿌리기도 하고 어떤 곳은 겉면을 바싹 말려 내기도 하며 고유의 스타일을 만든다.

"치킨과 마살라의 조합은 언제 어디서나 집을 떠오르게 해요. 어머니가 해주는 음식이죠. 탄두리치킨과 커리는 인도 요리의 기본이자 인도인의 소울푸드예요."

곧이어 나온 무르그 마크니, 버터치킨커리로 자이눌이 가장 좋아하는 음식이라고 한다. 토마토페이스트와 요거트, 크림, 버터가 더해져 새콤하면서도 부드러운 맛을 내는 커리에 닭고기가 큼직하게 들어 있다.

"저는 무르그 마크니를 루말리로티Rumali Roti와 함께 먹는 것을 좋아해요. 루말리로티는 '얇은 천'이라는 뜻이죠. 엄청 크고 얇은 차파티로 화덕에서 꺼내자마자 뜨거울 때 먹는 게 가장 맛있어요."

식은 뒤 먹으면 맛이 없다는 자이눌의 성화에 얼른 루말리로티를 큼직하게 찢어 커리에 적셔 입에 넣고 다시 닭고기를 찢어 입에 넣는다.

곧이어 치킨코르마가 나온다. 코르마korma는 요구르트와 크림, 견과류페이스트, 코코넛 우유가 듬뿍 들어가 부드럽고 진한 맛을 내는 커리로 역시 대중적인 커리 가운데 하나다. 부드러우면서도 양파페이스트와 생강 등의 재료가 더해지고 고추의 맛이 강렬해 매콤하면서도 감칠맛이 살아 있다.

"이건 캐슈넛페이스트를 넣고 카슈미르 고춧가루를 사용한 것 같아요. 이 고춧가루는 음식의 색을 붉게 만들거든요."

버터치킨커리가 더 산뜻하면서도 새콤한 맛이 강하다면 코르

마는 매콤한 맛이 강하다.

"제가 코르마와 함께 먹기 좋아하는 빵은 시르말sheermal이에요. 역시 탄두르 화덕에서 구운 빵인데 반죽에 우유와 설탕, 카다멈, 시나몬을 넣어 맛이 고소하고 달콤해요. 매콤한 코르마와 달콤하면서도 고소한 시르말의 조합이 좋아요."

인도의 빵이라고 하면 차파티와 난, 로티 정도만 있는 줄 알았는데 막상 델리에 와서 보니 더 다양한 빵에 그 종류도 세분화해 있다. 요리별로 궁합이 맞는 빵이 따로 있어 현지인은 자신만의 요리와 빵의 선호 조합이 다르다. 무엇보다 인상적인 것은 큰 레스토랑이든 길거리 음식점이든 맛있는 음식을 파는 곳은 직접 구워 만든 빵을 제공한다는 것이다. 마치 한식에서 갓 지은 밥이 중요한 것처럼 이들에겐 갓 구운 빵의 맛이 중요하

치킨인류

다. 그래서 식당의 입구에는 저마다의 탄두르 화덕이나 차파티 화덕을 가지고 있다. 만약 빵이 나오는 식당을 갔는데 그 빵이 외부에서 사 온 것이라면 그 식당은 맛있는 곳이 아니라고 판단해도 될 정도다.

향신료만큼이나 화덕도 인도 식문화의 중요한 부분 가운데 하나 아닐까? 탄두르 화덕을 직접 만든다는 공장을 찾기로 했다.

탄두리치킨을
섭렵하다

진정한 인도의 레스토랑이라면 허름한 곳이든 5성급 호텔이든 반드시 가지고 있는 조리도구 탄두르. 3000여 년 전 힌두 베다 경전에도 기록되어 있을 정도로 오래된 도구가 바로 탄두르다. 나는 탄두르를 전통적인 방식으로 만든다는 탄두르 공장을 찾았다. 1947년에 시작해 4대째 이어지는 탄두르 공장, 탄두르는 화덕의 수명이 있어 몇 년을 쓰면 바꿔줘야 하기 때문에 인도 내에서 수요가 굉장하다.

"아버지는 유명 셰프들에게도 탄두르 화덕을 만들어줬어요. 지금도 저희 공장의 탄두르가 들어가는 5성급 호텔이 많아요."

탄두르 화덕을 만드는 데는 많은 재료가 필요치 않다. 진흙을 동그랗게 뭉치고 손바닥으로 쳐서 펴며 부드럽게 한 뒤 탄두르 형태를 만들고, 말려 고온에서 굽는다. 그런데 탄두르 화덕이 고온에서 요리해도 견고함을 유지하는 비밀이 있다. 그 비결은 바로 염소 털이다. 공장 주인은 바닥에 수북이 쌓인 염소 털을 진흙 반죽에 섞는다.

"염소 털을 넣어야 탄두르 반죽이 부서지지 않고 단단하게 잘 붙어요. 아버지에게 배운 비법입니다."

항아리 형태의 화덕 조리 기구는 비단 인도뿐 아니라 중동을 비롯한 여러 나라에 퍼져 있다. 탄두르의 원리는 달구어진 숯을 탄두르에 넣었을 때 복사와 대류에 의해 내부 온도가 480도까지 올라가는 것. 여기에 닭고기를 넣으면 단시간에 고기가 익으면서 고온에서 기름기가 빠지고 담백한 맛의 치킨이 된다. 인도 전역에서 탄두르 화덕은 일상적으로 사용되어 일반 가정에도 탄두르 화덕이 있는 집이 많다.

탄두르 공장을 둘러본 뒤 숙소로 복귀하기 위해 델리의 밤거리를 지나는데 한 식당 앞에서 인도인이 줄을 지어 탄두리치킨과 프라이드치킨을 포장해 간다. 꽤나 큰 규모의 레스토랑에 쉴

새 없이 사람들이 들어가는 것을 보니 현지 맛집의 느낌이 물씬 풍겨 그 자리에서 취재 요청을 했다. 처음에는 '별거 없다'며 쑥스러워하던 요리사가 탄두리치킨 만드는 법에 대해 물어보니 주방으로 촬영팀을 안내한다. 한밤중에도 40도를 넘나드는 델리의 살인적인 무더위, 그런데 주방은 그 온도가 50도가 넘어간다. 가만히 서 있기만 해도 현기증이 나는데 요리사는 아무렇지도 않은 듯 땀 한 방울 안 흘리면서 탄두리치킨 만드는 법을 보여준다.

"닭고기를 씻어서 칼집을 넣어요. 이렇게 칼집을 넣으면 소스가 더 잘 배어들죠. 생강과 마늘, 소금을 섞어 이 분간 그대로 둡니다."

살짝 재운 닭고기 표면에 요거트, 고춧가루, 강황가루, 겨자씨유를 섞은 페이스트를 발라 다시 한 시간가량 그대로 둔다. 다 재운 닭고기를 100도로 예열한 오븐에 넣어 1차로 10~15분간 구운 뒤 삼십 분간 그대로 둬 속까지 열이 자연스럽게 퍼져들게 한다. 2차로는 250도로 뜨겁게 예열한 오븐에 넣고 다시 10~15분간 굽는데 이때 덜 익은 살이 마저 익고 고온에 닭고기 표면은 바싹 마르게 된다. 우리가 이제껏 본 탄두리치킨 굽는 방법과는 다른 방식. 궁금증에 맛을 본 탄두리치킨은 그 부드러움이 이루 말할 수 없다.

"사실 저희의 비법이 있어요. 고기를 재울 때 오이의 일종인 카차이와 파인애플 같은 것을 함께 넣어 부드러움을 더하죠."

경계를 푼 요리사가 웃으며 가게의 비법을 소개해준다. 지금

서른다섯 살인 요리사는 탄두리치킨 요리 경력만 25년이라고 한다. 열 살 때 아버지가 요리사인 자신의 친구에게 데리고 가 훈련을 시켜달라고 하며 그의 요리 경력이 시작되었다. 캐슈넛 가루와 블랙고춧가루, 요거트를 섞은 페이스트를 발라 구운 칼레미치킨, 그보다 조금 더 부드러운 말라이치킨, 말라이치킨보다 조각이 적은 말라이티카, 양념이 더 많이 들어간 치킨 바라 등 그의 레스토랑에는 다양한 닭고기 메뉴가 있다. 고춧가루와 밀가루, 소금, 마늘, 생강으로 반죽을 만든 인도식 프라이드치킨도 별미. 하나같이 현지인에게 사랑받을 만한 맛이다. 갑자기 시작된 촬영과 취재 요청에도 웃으며 응해준 장난기 많은 요리사에게 탄두리치킨을 만들 때 가장 중요한 포인트가 무엇인지 물었다.

"중요한 것? 정성이죠, 그렇지? 정성이 안 들어가면 그 맛이 나지 않아."

자꾸 비법은 없다, 별다를 게 없다 하지만 누구보다 능숙하게 닭을 손질하고 굽는 온도에 철저한 요리사는 셰프라기보다는 장인과 같은 모습이다. 평생 같은 요리를 하며 단련된 생활의 달인이자 장인. 인도에서 수천 년 동안 전해 내려오는 요리법을 지키는 이들이 있어 인도는 길거리에서부터 대중식당까지 평균적으로 음식의 맛이 뛰어나다. 이런 탄탄한 전통과 요리법에 새롭고 창의적인 시도를 한다면 대단한 요리가 탄생하지 않을까? 달인은 매번 같은 것을 해서 새로운 식문화를 만들어내지는 못하지만 또 창의적인 요리를 하는 셰프는 이 달인처럼 하나의 음

식에 완벽한 스킬을 갖기가 쉽지 않다. 장인의 완벽한 기술과 새로운 변화를 시도하는 셰프의 창의성, 이 두 가지가 만난다면 음식의 진화가 일어날 것이다. 델리의 밤거리에서 음식의 진화에 대해 생각하며 다음 날 호텔 레스토랑 촬영을 준비했다.

인도의 5성급 호텔에서 일하는 셰프 '지텐더', 최고의 치킨 요리를 만드는 것으로 인정받은 음식이 궁금해 그의 레스토랑 '카페'를 찾았다. 그가 준비한 요리는 인도 북부에서 가장 대중적인 음식인 치킨티카. 탄두리치킨과 만드는 법은 비슷하지만 뼈

치킨인류

가 붙은 채로 요리해 뼈의 감칠맛이 더해지는 탄두리치킨과 달리 치킨티카의 경우 순살 조각으로 만들어 더 간편하게 먹을 수 있다. 그래서 치킨티카는 테이블에 올려놓고 의자에 앉아 조금 더 우아하게 먹는 음식이라는 이미지가 있다. 치킨티카는 인도 대륙의 이민자들을 따라 영국으로 건너가 치킨티카 마살라라는 영국식 인도 요리로 재탄생하기도 했다.

지텐더 셰프는 먼저 생강과 고추, 마늘, 마살라, 맥아식초에 닭고기를 넣고 재운 뒤 다시 요거트와 카슈미르 고춧가루, 식초, 레몬즙, 소금, 후추, 마살라를 더해 2차로 한 번 더 닭을 재운다. 1차와 2차 재우는 시간은 합쳐서 세네 시간, 촉촉하게 양념이 배어든 닭고기를 꼬치에 꿰어 600~700도의 고온에서 굽는 것이 특징이다. 이렇게 고온에서 구워야 마르지 않고 육즙이 풍부한 치킨티카가 된다는 것이 그의 설명이다. 다 구워지면 꼬치를 꺼내 기 버터를 발라 풍미를 더한다. 표면이 바삭하면서도 부드러운 최적의 상태로 구워졌는지 확인한 셰프는 이어 레몬즙, 고수, 민트, 차드마살라와 구운 치킨티카를 통에 한데 넣고 흔들어 마지막 양념을 덧입히고 그릇에 담는다. 바깥의 레스토랑과 비교해 플레이팅도 화려하고 아름답다.

"요리는 예술이라고 생각해요. 요리에 대한 책을 보거나 어디에서 배운 건 아니지만 아름답게 보이도록 신경을 써 창의적으로 담아내려고 노력합니다."

인도의 전통 음식뿐 아니라 양식도 파는 레스토랑이지만 대부분의 손님이 치킨티카를 찾는다. 그만큼 이곳의 치킨티카는 여러 향신료의 향이 복합적으로 녹아든 섬세한 맛과 향을 자랑한다. 한입 베어 물면 촉촉하고 부드러운 육즙이 입안 가득 퍼지는 치킨티카.

거리의 탄두리치킨이나 치킨티카가 단번에 입맛을 사로잡는 강렬함을 지녔다면 고급 레스토랑이나 호텔에서 파는 것은 그보다는 은은하지만 더 섬세한 풍미를 지니고 있다. 어느 하나가 더 좋다고 말할 수 없는 각각의 개성을 지니고 있지만 한 가지 확실한 것은 부자에서 서민까지, 인도의 모두를 하나로 묶는 음식이 바로 탄두리치킨과 치킨티카라는 사실이다.

펀자브에서 찾은
음식의 윤리

탄두르 화덕의 발상지로 알려진 펀자브 지방. 서방에서 인도로의 문화 유입로에 놓여 일찍이 문화가 발달하고 10세기 이후부터는 이슬람교의 문명이 꽃피었던 이 지역은 1947년 동서 펀자브로 나뉘어 동은 인도, 서는 파키스탄령이 되었다. 인도 북부와 파키스탄 중북부에 걸쳐 있으며 인더스강과 그 5대 지류젤룸강, 체나브강, 라비강, 베아스강, 수틀레지강가 흐르며 수원이 풍부해 농업이 발달했다. 또한 펀자브는 15세기 이슬람교의 영향을 받아 개혁된 힌두교의 개종파인 시크교가 탄생한 곳으로 시크교의 대부분이 펀자브 지방에 거주하고 있다.

나는 펀자브 지방을 지나다 우연히 인도인의 대규모 가족 행사에 참석하게 되었다. 한 인도인 공무원의 정년퇴직 파티로 가족, 친지 행사라면 빠지지 않는 인도인답게 그 규모가 크고 화려했다. 보랏빛 천으로 꾸며놓은 건물 안에는 뷔페식 음식이 가득 차려져 있었는데 그 음식이 채식, 비채식으로 나뉘어 있다. 펀자브 지방의 많은 인구를 차지하고 있는 시크교도는 대부분

채식주의자들이다. 때문에 이 지방에선 어디에 가도 채식주의자를 위한 음식이 준비되어 있다. 대규모 행사의 뷔페 같은 경우에는 섹션이 나뉘어 있거나 아예 시간차를 두고 채식 음식과 비채식 음식이 번갈아 제공된다고 한다. 비채식 섹션에서 가장 인기 있는 것은 역시 탄두리치킨과 프라이드치킨, 치킨의 경우에도 이슬람교도를 위해 할랄식으로 만든 것이 따로 준비된다.

"펀자브는 어느 도시보다 채식주의자 인구가 많아요. 대부분이 시크교도이기 때문이지요. 고기를 먹는 이들은 주로 치킨을 먹는데 저렴하고 맛있어서도 그렇지만 어떤 고기인지 알기 쉬워서도 그런 것 같아요. 소고기나 돼지고기, 양고기 같은 경우는 소스에 담겨 조리되면 이게 어떤 고기인지 헷갈리기도 하잖아요. 그런데 닭고기라면 그럴 일이 없죠. 닭고기는 먹으면 바로 닭고기라는 것을 알잖아요. 손님을 대접할 때도 그 손님이 이슬람인지 힌두교인지 모르는데 소나 돼지를 함부로 올릴 수가 없어요. 때문에 대부분이 닭고기를 대접하죠."

무슬림은 소고기에 대한 금기가 없는데도 양고기나 염소고기, 닭고기를 주로 먹고 힌두교도들은 돼지고기에 대한 금기가 없지만 역시 돼지고기를 흔히 먹지 않는다. 회사 동료를 집으로 초대한다면 이들은 소고기나 돼지고기가 아닌 닭고기와 채식 메뉴를 준비한다. 비즈니스 미팅이 있다 해도 스테이크 레스토랑이나 돼지고기가 나오는 곳을 잡지 않는다 많은 호텔 레스토랑에서는 소고기 스테이크 대신 양고기 스테이크를 내놓는다. 다문화, 다종교 사회인 인도에서 서로 배려하며 살아가는 사회적 합의가 생긴 것이다.

채식주의자가 점점 많아지는 상황에서 채식 메뉴를 판매하는 식당을 찾기 힘들고 특정 음식을 못 먹는다고 해도 일단 먹어보라고 권하는 우리 사회는 그에 비하면 개개인의 신념이나 음식의 기호에 대한 존중이 부족한 것 아닐까? 다양한 식문화가 뒤섞여 공존하고 새로운 식문화를 만들어낸다는 것은 역으로 개개인의 기호와 취향을 존중해야 가능한 일이기도 하다.

"지금 인도 음식이라고 생각하는 것들은 다양한 외부 영향을 받았어요. 중앙아시아, 페르시아, 터키 등지와 인도는 비슷한 향신료를 사용하죠. 터키의 쿠프타나케밥은 인도와 파키스탄에서도 흔하게 먹어요."

나는 인도인의 행사에서 나와 펀자브의 라바강 앞에서 인도 GNDU 대학의 역사학자 아만디프 카우르 발 교수를 만났다. 수천 년 전에는 같은 문화권이었던 인도와 파키스탄은 지금도 그 문화가 비슷하다고 교수는 설명한다. 비슷한 형태의 집에서 비슷한 음식을 먹으며 같은 펀자브어를 사용한다. 인도의 식문화에 큰 영향을 끼친 무굴제국 또한 페르시아와 터키의 영향권 안에 있었다. 모든 인도 음식은 오랜 역사 속에서 다양한 문화가 뒤섞여 만들어졌다.

"이슬람교, 힌두교, 시크교에는 모두 금기시하는 동물이 있지만 닭고기를 금기하는 종교는 없어요."

서로 다른 종교와 문화권 안에서도 이들을 잇는 음식인 닭, 펀자브에서도 닭고기 요리는 대중적인 사랑을 받는다. 펀자브인이 가장 사랑하는 음식으로는 버터치킨과 마살라치킨, 치킨 커리가 꼽힌다.

"모두가 닭고기를 좋아하는데 상당히 합리적인 일이죠. 제가 어렸을 때는 양계장이 지금처럼 많지 않았지만 지금은 펀자브에만 수백, 수천 개예요. 지난 30~40년간 양계장이 많이 늘어났고 닭고기는 인도 전역에서 가장 중요한 음식이 되었어요."

종교의 음식 금기에 대해 마빈 해리스Marvin Harris 같은 유물론자는 합리적인 이유를 찾는다. 힌두교에서 소를 금기하는 것은 소고기를 먹는 것보다 그 젖을 짜 농사의 노동력으로 쓰는 것이 낫기 때문이다. 한편, 중동 지역에서 생겨난 이슬람교에서 돼지고기를 금하는 것은 돼지가 뜨겁고 건조한 사막 지역에서 사육하기도 맞지 않았고 인간과 같은 식량을 놓고 경쟁해야 하는 가축이었기 때문이라고 설명한다.

하지만 문화 유물론적 설명은 인간의 상징체계의 복잡성을 지나치게 단순화한다는 문제가 있다. 사람은 그렇게 합리적인 동기에 따라서만 움직이는 존재가 아니고 종종 스스로가 상상해낸 상징의 그물망 안에서 교류하고 행동한다. 힌두교도와 무슬림, 시크교도와 불교도, 기독교인이 한데 뒤섞여 공존해온 인도는 이런 모습을 가장 잘 드러내는 종교 사회다.

진정한 종교의 가치는 인간에 대한 배려와 평화에서 출발한다. 배려는 상대의 입장에 서보는 것, 그리고 인도의 일상 교류에서 이런 배려가 음식에서부터 시작된다. 인도의 힌두교도도 돼지고기를 선호하지 않듯이 인도의 무슬림도 소고기를 즐겨 먹지 않는다. 다른 종교인과 어울려 사는 사회에서 구성원들 사이에 배려의 동기가 작동하는 것이다.

일흔세 살 유튜버 할아버지의
치킨 요리

인도에는 닭고기 요리로 일약 스타가 된 70대 할아버지가 있다. 세상에는 수많은 요리 유튜버가 있지만 나라야나 레디 할아버지같이 눈길을 잡아끄는 이는 흔치 않다. 100인분에 달하는 인도 전통 요리를 야외에서 하고 완성된 음식은 모두 지역 보육원 아이들의 식사로 제공한다. 할아버지의 요리 채널 〈그랜드파 키친Grandpa Kitchen〉구독자만 400만 명이다. 전 세계인의 마음을 사로잡은 할아버지를 만나러 인도 남부 텔랑가나주까지 달려갔다.

나를 맞은 것은 나라야나 레디 할아버지와 모션그래픽디자이너로 일하는 그의 손자 시리칸, 그리고 손자들과 함께 일하는 두 명의 동료였다. 어떻게 인도 시골의 할아버지가 유튜브를 할 생각을 했을까 싶었는데 전문적인 크루가 콘텐츠를 만들고 기획한 것이었다. 최근 뜨고 있는 할머니나 할아버지 유튜버의 뒤에는 항상 손자, 손녀들이 있다는 것을 생각하면 그리 실망할 일은 아니다. 그의 손자는 어린 시절부터 할아버지가 야외에서 대용량의 요리를 만드는 것을 보고 콘텐츠를 기획했다고 한다.

"계속 농사를 하며 살아서 야외에서 요리하는 것에 익숙해요. 손님이나 친구들이 놀러 오면 밖에 나가 한번에 많은 양을 요리해 대접하고는 했어요."

젊은 시절부터 직접 식사를 준비해 자연스럽게 수많은 조리법을 터득했다는 할아버지. 유튜버가 되고 난 뒤에는 새로운 레시피에 도전하기 위해 손자에게 인터넷으로 레시피 찾는 법도 배웠다. 〈그랜드파 키친〉의 영상 가운데서도 특히 인기가 많았던 음식은 닭고기 요리들로 치킨비르야니와 페퍼치킨, 치킨커리, 컨트리치킨, 프라이드치킨 등을 야외에서 선보였다. 전 세계적으로 가장 사랑받고 친숙한 요리 재료가 닭고기여서이리라.

할아버지가 이제까지 요리한 것 가운데 최로고 꼽는 레시피는 치킨비르야니다. 많은 인도인이 치킨비르야니의 매콤한 맛과 향을 좋아한다. 나를 위해서는 특별히 레몬치킨커리를 준비했는데 항상 많은 양의 요리를 하는 탓에 생닭이 10킬로그램이나 들어간다. 직접 토마토와 고추를 씻고 양파를 써는 모습이 조금 힘들어 보이는 할아버지는 1년여 전 한 쪽 눈의 시력을 거의 상실했다는 진단을 받았다. 초점을 맞추기 힘들다 보니 정교한 칼질이 어려워 채소를 큼직큼직하게 썬다.

닭고기도 손질해 솥에 넣고 가람마살라와 치킨마살라, 고수가루, 고춧가루, 강황가루, 요거트, 생강, 마늘, 레몬을 더해 기름을 충분히 넣고 볶는다. 기름이 끓어오르기 시작하자 양파와 토마토, 고추를 넣고 토마토가 뭉그러질 때까지 자작하게 끓여 완성한다.

느릿느릿한 동작으로 여유롭게 엄청난 양의 요리를 만들어낸 할아버지의 레몬치킨커리의 향이 장작불 타는 냄새와 함께 퍼져나간다. 향신료가 풍부하게 들어가 강렬하면서도 또 매콤하고 새콤하다.

"현대적인 부엌의 가스레인지 대신 야외의 장작불로 요리를 하면 치킨의 향과 맛이 훨씬 좋아져요. 채식을 하지 않는 인도 사람들, 특히 아이들의 경우에는 닭고기를 매우 좋아해요. 집에 손님이 올 때면 항상 닭고기를 요리해서 대접해요. 우리 모두가 위대한 일을 할 순 없지만, 우리 모두가 위대한 사랑으로 작은 것들을 할 수는 있어요."

할아버지는 자신의 요리 유튜브 채널로 벌어들인 수익의 일부를 자선단체에 기부한다. 할아버지의 닭고기 요리에는 '굶주린 이들과 음식을 나눈다'는 철학이 담긴 셈이다.

오랫동안 종교는 구성원들에게 무엇을 먹을 것인지, 또는 먹어서는 안 될 것인지를 엄격히 규제했다. 금기된 음식을 먹지 않는 사람과 금기된 음식을 먹는 사람들의 구분을 통해 신자와 이교도가 갈렸다. 서구화된 현대 사회에서 메뉴의 선택은 개인 취향의 문제다. 대부분의 기독교권 국가들에서 음식 금기가 일상에서 사라졌다고 해도 과언이 아니지만 인도는 다르다. 인도에서는 종교가 먹고 마시는 것을 규율한다. 가정과 식당의 메뉴에서는 말할 것도 없고 소고기 통조림도 반입이 안 되고 인도의 맥도널드에도 당연히 소고기 패티가 들어간 버거는 판매할 수 없다. 마찬가지로 인도의 무슬림들은 단순히 식용으로 돈육을 금할 뿐 아니라 돼지의 부산물을 사용한 생활용품의 사용조차 금기한다. 힌두교에서 소를 신성한 존재로 믿어 식용을 금했다면 이슬람에서는 반대다. 돼지는 하람, 신이 금지한 것, 가장 오염된, 가장 더러운 동물이기 때문에 먹어서도 손을 대서도 안 된다.

닭은 소와 돼지와 달리 어떤 종교적인 금기로부터 자유롭다. 닭은 어떤 종교에서도 극도로 신성시되지도, 반대로 혐오의 대상이 된 적도 없다. 닭은 인간의 평범하고 친근한 가축이었고 동물성 단백질을 갈구해온 인류에게 가장 손쉽게 접할 수 있는 맛있는 고기였다. 종교가 여전히 일상의 섭생 규범을 지배하고 있는 인도는 이런 차이를 잘 관찰할 수 있는 탐험지였다.

제사는 먹고 마시는 일상적 행위와 식탁 위에 올리는 살아 있는 것들에 대한 재해석의 과정이다. 아울러 이것은 우리 대신 제물로 바치는 생명에 대한 감사함이고 그 제물을 함께 음복하는 나눔의 행위다. 오늘날 많은 이들은 먹거리의 윤리를 이야기하기 시작했다. 식욕의 차원을 넘어 동물 복지, 지속가능한 지구를 위한 음식에 대해 고민하는 이들이 늘어나고 있다. 인류 먹거리를 둘러싼 요즘의 문제 제기는 먹거리의 신성한 가치를 일상에서 실천했던 전통 사회에서 배울 점이 있다. 깨달음은 '오래된 미래'에 있는지도 모른다.

이탈리아

ITALY

세계의 주방,
로마제국

　닭의 가축화는 동남아시아, 인도 대륙을 거쳐 유럽 대륙으로 확산됐다. 로마시대 문헌에는 귀족들이 즐겼던 닭 요리에 대한 기록들이 남아 있다. '로마는 소스가 맛있었을 때 가장 번영했다'라는 말이 있다. 유럽 대부분과 북아프리카, 중동까지 평정했던 영광을 지닌 로마제국, 기원전 8세기경 도시 국가로 시작된 로마는 기원전 6세기경에 공화정을 이루고 기원전 1세기경 카이사르와 옥타비아누스 시대를 거치면서 지중해 연안과 중동 일대에 막대한 제국을 형성하게 된다.

　당시 로마의 부귀영화는 실로 상상을 초월해 『탈무드』에는 '하늘에서 10개의 보화 주머니가 내려왔는데 그 가운데 9개를 로마가 가졌고, 나머지 한 개를 세상 나라들이 나눠 가졌다'고 할 정도였다. 로마는 전 세계에 걸친 막대한 영향력으로 해상과 육상을 통해 다양한 물품을 들여왔다. 로마 시의 관문에 해당하는 오스티아로 들여오는 물품으로는 스페인의 은과 철, 중국의 실크, 금보다도 비쌌던 인도의 후추 등 향신료와 보석, 아프리카의 계피 등이 있었다. 덕분에 로마에는 수많은 다국적 식재료와 요리법이 모여들었다. 지금처럼 비행기도 없던 시절, 이렇게 로마는 전 세계적인 상권을 형성하며 세계의 중심 주방으로 화려한 식문화를 꽃피웠다.

로마 귀족의 사치하면 많은 이들이 떠올리는 장면은 누워서 음식을 먹는 영화 〈벤허〉일 것이다. 실제로 제정 로마시대 귀족들은 '트리클리니아'라는 소파에서 식사를 했는데 이 소파는 U자 형태의 모양으로 한가운데 식탁에 진수성찬을 차린 뒤 소파에 비스듬히 누워 한 쪽 손은 상체를 괴고, 다른 한 쪽 손으로 음식을 먹었다. 이런 식사법은 비단 집에서뿐 아니라 소파와 같은 이름의 트리클리니아라는 연회장에서도 벌어졌으며 사람들은 각각 1인용, 혹은 2인용 침대에서 식사를 즐겼다. 산해진미의 호화로운 음식을 산처럼 쌓아놓는 정찬은 정오에 시작해서 저녁때까지 계속되었으며 지나친 과식으로 더는 음식을 먹지

못하는 상태가 되면 새의 깃털로 목을 간질여 일부러 먹은 것을 토해내고 다시 먹기까지 했다. 온갖 진귀한 식재료와 다국적 요리법을 정복해 인류 최초로 화려하고 사치스러운 식문화를 꽃피우며 미식가의 입을 즐겁게 했던 시기의 로마에서 닭은 어떤 의미를 가지고 있었을까?

> 명랑함은 수탉의 대명사다.
> 어떤 작은 것에도 즐거워하며 노래하며
> 장난스러운 움직임을 보인다.
> ─레오나르도 다빈치

이처럼 오래전부터 유럽에서는 닭을 고전적으로 기쁨, 빛, 태양의 상징으로 표현했다. 새벽을 깨우는 울음소리가 빛을 부른다고 생각했기 때문에 악을 물리치는 선한 상징으로 생각한 것이다. 특히 기독교에서는 예수가 재판받을 때 그를 모른다고 부인하는 베드로를 깨닫게 하는 소리로 진리의 상징이자 죽음에서 부활하는 예수를 알리는 소리로서 부활을 뜻하기도 한다. 닭의 노랫소리는 사자도 두려워 떨 만큼 강력하다고도 생각했는데 이는 밤의 어둠을 빛으로 지키는 강한 파수꾼이라고 여겼기 때문이다. 그래서 전통적인 교회들은 금이나 은으로 수탉의 상징물을 만들었고 의료에 관련된 심볼로도 자주 사용되었다.

고대 로마에서도 역시 닭을 신성시했는데 로마의 성직자들은 닭을 관찰해 미래를 예측하는 '새점'을 치고는 했다. 국가가 중

요한 일을 수행하기 전 독수리, 까마귀 등 새들의 행동으로 미래를 점치다 야생의 새들이 필요에 따라 나타나주지 않자 그 대상을 집닭으로 옮긴 것. 이후 '풀라리우스'라 부르는 새점 전문가가 생겨나 닭 무리를 보살피고 기르는 역할을 하며 전쟁이나 평화 협정 같은 주된 논제가 있을 때 닭에게 먹이를 주어 닭이 재빨리 먹으면 축복이 함께한다는 뜻으로, 거부하거나 소란을 피운다면 불길한 징후로 받아들였다.

'창자 점쟁이'로 불리는 '사루스피케스'라는 전문가들은 비둘기나 암소와 함께 제물로 바친 닭의 배를 갈라 창자 모양에 따라 신의 뜻을 읽었다. 전쟁뿐 아니라 개인이나 가족, 국가와 관련된 여러 중요한 문제의 성패를 예언하는 이 의식 뒤에는 제례에 바쳐진 제물들을 조리해 성직자와 신자들이 함께 나누어 먹

치킨인류

고는 했다. 이렇게 상서로운 동물로 받아들여지는 닭은 전쟁에 나가기 전 군인에게도 빠질 수 없는 식사의 메인이었다.

끊이지 않는 전쟁을 거름으로 피어난 로마의 번영, 전쟁에 참여했던 군사들은 전장에 나가기 전 닭고기를 먹으면 승리한다고 생각해 빵과 와인과 함께 닭고기를 먹었다. 2000년 전 로마인이 즐겨 먹었던 닭 요리는 어떤 것이었을까?

시대를 앞서간 코즈모폴리턴,
로마인의 닭 요리

2800년의 역사가 살아 숨 쉬는 로마, 나는 로마 도시를 둘러싸고 있는 아우렐리아누스 성벽 위에 섰다. 서울로 치면 사대문과도 같은 이 성벽은 아우렐리아누스 황제가 1700년도 전에 북쪽 세력으로부터 도시를 지키기 위해 세운 것.

"지금 여러분이 선 이 자리에서 1700년 전, 전쟁에 나가기 전 군사들이 승리를 기원하기 위한 닭고기 식사를 마치고 서 있었습니다. 그들이 멘 작은 가방 안에는 페콜라라는 지방과 단백질 함유량이 적은 치즈, 그리고 에너지원을 보충하기 위한 라드가 들어 있었죠."

내가 성벽박물관에서 만난 이는 고고학자 치로 마라, 그는 2016년에 설립한 단체 '로마 맛 연합Associazione Gusto per Roma'의 대표로 고대 로마 유적지를 함께 둘러보고 그 시대의 음식을 만들어 먹으며 문화를 직접 몸으로 느끼고 이해하는 '고고학적 식음료 프로젝트'를 진행하고 있다. '역사적인 식음료 프로젝트'라고도 부르는 이 프로젝트는 짧은 시간 안에 로마의 문화적 유산과 로마의 식문화를 체험할 수 있는 기회를 제공하며 인기를 끌고 있다.

"이렇게 고대 유적지에 직접 와보면 이곳에 옛날부터 사람이 있었다는 것을, 역사의 현장에 있다는 사실을 잘 느낄 수 있죠. 동시에 그 시대의 음식을 맛보면 그 시대로 돌아간 듯한 느낌이 듭니다."

짙은색 곱슬거리는 단발머리에 훤칠한 외모의 치로 마라는 이제까지 생각했던 고고학자의 모습과는 사뭇 달랐다. 시종 웃으면서 쾌활하게 이야기하는 것이 꼭 이탈리아의 바람둥이 같달까. 아무튼 고대 로마 식문화를 연구하는 이 잘생긴 고고학자는 나에게 가장 오래된 닭 레시피로 옛 요리를 그대로 재연해주기로 했다.

그가 보여줄 요리는 '풀루스누미디쿠스Pullus Numidicus', 아프리카에서 온 레시피라는 뜻이다. 이는 당시 고대 로마 사람들이 이국의 식재료와 다양한 조리법을 일상적으로 즐겼다는 것을 보여준다. 비행기가 발명되기 전, 지난 수천 년간 다른 나라의 음식을 먹기 힘들었던 인류. 황제나 군인, 선교사나 탐험가 등 선택받은 극소수의 사람만이 다른 나라의 음식을 먹을 수 있었음을 생각하면 로마인은 시대를 앞서간 코즈모폴리턴인 것이다.

쿠민과 고수, 후추 등 향신료 말린 것을 갈아 꿀과 식초 등을 넣고 녹말가루로 양념해 닭을 익히는 이 요리는 고대 로마의 미식가인 아피키우스가 참여한 동명의 요리책인 『아키피우스』에 실려 있다.

　유럽의 조리서 중 이제까지 알려진 것 가운데 가장 오래된 『아키피우스』는 4세기 후반에서 5세기 초를 배경으로 고대 로마인의 요리법 450여 개가 담겨져 있는 로마시대 조리법의 총체다. 로마제국 시대에 사용하던 불규칙한 라틴어로 쓰여 있다.

　이 책의 저자로 추정되는 인물은 티베리우스 황제 대의 사람으로 로마시대의 미식가이자 사치스러운 생활을 하던 아피키우스Marcus Gavius Apicius, 하지만 이 사람의 이름과 책 이름이 같은

것은 우연으로 저술에 참여하기는 했지만 단독 저술은 아니라는 의견이 지배적이다.

누가 썼든 후대의 이들에게는 귀중한 자료가 되는 이 책에는 소스 레시피만 무려 400가지에 달해 식재료 그 자체보다도 호사스럽고 섬세한 조리법과 향신료의 맛을 즐기던 로마인의 식생활을 보여준다. 돈이 없는 서민과는 상관없는 요리였기에 값비싼 향신료를 아낌없이 넣을 수 있었는데 이 책의 저자로 추정

되는 아피키우스는 값비싼 식재료와 도구를 펑펑 쓰다 결국 금고가 바닥나자 최고급 음식을 성대하게 차린 마지막 잔치를 열고 자신의 음식에 독약을 넣어 생을 마감했다는 설도 있다.

"시리아에서 온 쿠민을 넣습니다. 만을 통해 들어온 인도산 검은 후추도 들어가지요. 후추는 당시 금과 거래될 정도로 귀한 향신료였어요."

치로 마라는 마치 지금이 고대 로마라도 된 듯 설명을 시작했다. 쿠민과 후추, 대추야자와 잣까지, 닭고기 자체는 당시 로마에서 값비싼 재료가 아니었지만 이국의 향신료를 사용하는 조리법 때문에 이 요리는 귀족들이 즐기는 특별한 요리가 된 것이다. 레시피대로 소금 간은 아주 약간만 하는데 로마시대 때는 전쟁이 많아 각자 소금을 들고 다니며 음식에 뿌려 먹는 것이 일반적이었기 때문이다. 또 다른 고대의 닭 요리로는 어떤 것이 있는지 물어봤다.

"비숍이라고 아주 괴상한 요리들을 하던 로마시대 셰프가 있어요. 낙타의 발굽으로 요리를 하거나 꾀꼬리의 노래를 들은 꿀벌이 만든 꿀로 빚은 파이 등 특이한 음식들을 선보였죠. 비숍의 요리 가운데 수탉의 벼슬을 후추와 함께 팬에 튀겨 월계수잎과 꿀을 더해 만든 요리가 있지만 오늘날 이 요리를 먹는 사람은 없죠. 이제 가장 중요한 재료가 들어갑니다. 북아프리카에서 들여온 대추야자예요. 북아프리카가 원조인 음식이기 때문에 대추야자가 빠지면 안 됩니다. 저는 음식을 통해 과거로 갈 수 있다고 생각해요. 음식을 먹을 때는 뇌를 쓰지 않고 그냥 느

끼잖아요."

당시 로마인에겐 이국적인 단맛의 대추야자는 무엇보다도 호사스러운 맛이었을 것이다. 보글보글 끓어오르는 닭고기, 고대 로마제국이기에 가능했던 식재료와 조리법을 보고 있자니 타임머신을 타고 그 옛날 로마로 돌아간 듯하다. 완성된 닭 요리를 옛날 로마 귀족들이 했듯이 손으로 집어 먹었다. 누워서도 음식을 쉽게 먹을 수 있도록 조각조각으로 나눠 요리했기 때문에 손으로 먹기도 수월하다. 로마시대 때 식후주로 즐기던 꿀이 들어간 화이트와인 '몰순'까지 함께 곁들이니 쫀득하고 달콤한 고기의 맛과 어우러져 2000년 전 로마 귀족들의 미각도 오늘날과 크게 다르지 않았다는 생각이 들었다.

귀족에게는 사치스러운 식재료로, 출정하는 군인에게는 힘을 북돋는 힘과 용기의 상징으로, 또 서민에게는 풍성한 식탁의 상징이 되기도 했던 닭. 이렇게 지위의 높고 낮은 곳을 가리지 않고 두루 사랑받는 가축이 또 있을까?

고대 이집트에서 신분 높은 새, 바빌론에서는 '왕들의 새'로 통했다. 닭은 미래를 점치는 고귀한 새이자 새벽을 알리는 파수꾼으로 대접을 받았다. 페르시아와 조로아스터교에서는 '악마와 마법사에 저항하기 위해 닭이 창조되었다'고 믿었고 일본 아마테라 신화에서 닭은 어둠에 빠진 세상에서 태양신을 불러낸 존재였다. 중국 한나라 때 기록을 보면 '하늘의 닭, 즉 천계가 해 뜰 때에 울면 천하의 닭들이 모두 따라서 운다天鷄日出卽鳴天下鷄皆鳴'라는 구절이 나오는데 닭을 개벽을 예고하는 영물로 묘사하고 있다. 기독교에서는 닭은 그리스도를 통해 용서받은 죄인을 상징하기도 한다. 성서에서 예수를 세 번이나 부정한 베드로를 깨우친 것도 닭 울음소리였다. 유럽의 종탑 위 닭 장식은 그냥 풍향계의 용도만이 아니라 이런 깨우침을 잊지 말라는 표지라고도 할 수 있다.

이렇게 오래전 닭은 달걀이나 고기를 얻기 위한 가축이 아니라 점을 치거나 투계를 위한 목적으로 키워졌다. 투계는 오늘날과 같이 노름이나 재미 때문이 아니라 미래를 예측하는 신성한 제의에 가까웠다. 세속화된 현대 사회에서 우리의 접시에 오르는 고기들은 그냥 고기일 뿐이다. 우리는 그것들을 맛과 영양의 잣대로 평가할 뿐이다. 진정으로 '치느님'을 모시고자 한다면, 닭이 한때 야생을 뛰어놀던 새였다는 사실을, 오래전 이 새가 인간과 신을 이어주던 영적인 동물이었다는 사실을 한번쯤 상기해볼 필요가 있다.

자메이카

JAMAICA

전통 방식 저크치킨, 페퍼우드

이제껏 먹어본 해외의 닭 요리 가운데 가장 기억에 남는 것을 딱 세 가지만 고르라고 한다면 미국의 프라이드치킨, 일본의 야키토리, 그리고 자메이카의 저크치킨이다. 앞의 두 가지는 한국인도 즐겨 먹는 인기 메뉴지만 저크치킨은 다소 생소한 요리일 수 있다.

내가 저크치킨을 처음 맛본 것은 자메이카가 아니라 뉴욕의 브롱스였다. 뉴욕의 브롱스라 하면 저소득층의 중남미와 아시아계 이민자들이 밀집된 동네로 알려져 있다. 뉴욕 양키스 홈구장이 있기는 하나 뉴요커들이나 관광객들이 야구 경기 보러 갈 때 빼놓고는 발을 거의 들여놓지 않는 슬럼가다. 친구의 초대로 바로 이 브롱스를 방문한 적 있었다. 친구의 지인이 주최한 바비큐 파티였는데 그 친구가 자메이카 출신이었다.

바비큐 파티라고 해서 굉장한 것은 아니었고 마을의 버려진 공터에서 아이스박스 가져다놓고 맥주 마시면서 춤추는 자리였다. 바비큐 파티 장소에 들어가자 시커먼 드럼통을 반으로 잘라

개조한 그릴들이 눈에 들어왔다. 그 안에서 거부할 수 없는 마력을 지닌 향기가 흰 연기와 함께 새어나오고 있었는데 바로 저 크치킨이었다. 그 맛은 바비큐 그릴이 주는 스모키함과 토마토, 고추, 식초, 설탕이 들어간 저크 소스가 잘 어우러져 도저히 잊을 수가 없었다. 그래서 치킨인류의 여정에서 자메이카는 일찌감치 버킷리스트의 상단을 차지했다.

홍겨운 레게 음악과 야자수가 펼쳐진 카리브해, 비행기로만 서울에서 30시간 남짓 걸리는 지구 반대편 자메이카는 우리에게는 레게 음악과 밥 말리의 고향, 낭만적인 열대의 나라로 알려져 있다. 하지만 이 나라의 역사를 들여다보면 잔혹한 노예제와 이에 맞선 끈질긴 저항의 역사를 지닌 곳이기도 하다. 카리브해에서 세 번째로 큰 섬이자 아메리카 대륙의 영어 사용국 가운데 미국, 캐나다에 이어 세 번째로 인구가 많은 자메이카는 사탕수수와 코코아, 커피 농장에서 일했던 아프리카 노예의 후손인 아프리카 흑인과 물라토가 주민 대부분을 차지한다. 20세기 들어서는 국제적인 범죄 조직에 의한 마약 밀매와 돈세탁의 거점으로도 알려져 있는데 특히 수도 킹스턴은 범죄율이 높아서 어떤 구역은 낮에도 사람들이 출입을 꺼릴 정도다. 실제로 봉변을 몇 차례 당하기도 했는데 킹스턴의 그런 위험 구역을 차를 타고 가면서 창문을 열고 촬영을 시작하자 달리는 차량으로 주먹만한 돌덩이가 하나가 날아오기도 했다.

타닥타닥 장작 타들어가는 소리와 눈코를 맵게 하는 매캐한

치킨인류

연기, 마룬족 전통 방식의 저크를 고수하는 레스토랑 페퍼우드 Pepper Wood는 자메이카 현지인 사이에서 최고의 저크치킨을 맛볼 수 있는 곳으로 손꼽힌다. 저크치킨 전통의 비법과 맛을 찾기 위해 찾은 페퍼우드의 조리실, 마치 사우나라도 온 듯 뜨거운 이곳에서 최고의 저크치킨과 저크포크가 만들어진다. 2피트 깊이에 뜨겁게 달군 숯을 넣고 그 위에 금속 석쇠를 올린 뒤, 다시 그 위에 피멘토 나무 막대기를 올린다.

이제 그 나무 위에 양념을 아주 두텁게 바른 닭과 돼지고기를 올린 뒤 얇은 뚜껑으로 덮는데 석쇠 위에 바로 올리지 않고 나무 위에 올려 익히는 것이 일반적인 '팬바비큐'와 '오리지널 저크'의 가장 큰 차이점이다. 숯불에서 나오는 열로 달궈진 석쇠에 바로 올려 익히면 닭 한 마리를 통째로 익히는 데 한 시간으로 충분하지만 이렇게 중간에 나무를 넣으면 열이 직접 닿지 않아 익히는 데만 두 시간 이상, 천천히 익는 동안 피멘토 나무의 향이 고기 깊숙이 배어든다. 나무의 연기로 천천히 익혔기에 육질은 더 부드럽고 피멘토 나무 특유의 매콤한 향과 불맛이 저크 양념과 만나 다른 조미료가 필요 없는 지상 최고의 치킨이 탄생한다. 오리지널 저크의 핵심이라고 할 수 있는 저크 양념, 그리고 피멘토 나무의 연기가 마법을 부리는 것이다.

"저크치킨을 파는 곳 가운데서도 팬에 바로 올려 굽는 곳들이 있는데 실제 전통 저크는 반드시 피멘토 나뭇가지 위에서 구워야 해요."

일반적으로 저크치킨 하면 드럼통을 반으로 잘라 숯불을 넣

고 그 위에 철제 그릴을 올려 익히는 이미지를 생각하지만 그건 진정한 저크가 아니라 팬바비큐에 더 가까운 것. 저크의 핵심인 피멘토 나무는 시장에서 보았던 검은 후추와 비슷하게 생긴 열매 '피멘토'가 열리는 그 나무로 자체의 향이 맵고 독특해 미국식 바비큐와 구별되는 특징을 불어넣는다. 기름은 쏙 빠지고 야들야들하다. 처음은 매콤한데 씹을수록 달콤함까지 느껴지는 맛이 일품이다. 튀기지 않아 칼로리 걱정, 콜레스테롤 걱정이 없어 건강하므로 프라이드치킨을 먹을 때와 같은 죄책감이 들지 않는다.

"어린 시절부터 저크치킨은 별미였어요. 길거리에서 파는 걸 가족끼리 외식으로 사먹고는 했죠."

저크치킨이 이렇게 대중적으로 사랑받는 별미가 된 것은 자메이카 내에서도 40년 남짓, 그 전에는 마룬족 내에서만 먹던 것이 자메이카 전역으로 퍼져 이제는 프라이드치킨과 함께 가장 사랑받는 치킨 요리가 되었다.

나는 자메이카 현지인이 즐겨 먹는다는 거리의 저크치킨을 찾아 나섰다. 우리에게 거리의 저크치킨을 안내해주기로 한 자넷과 찾은 곳은 사람도 많고 볼거리도 많은 복잡한 번화가 레드힐스로드였다. 해가 뉘엿뉘엿 질 때면 저크치킨과 저크 포크를 굽는 연기가 골목에 피어나기 시작한다. 프라이드치킨이나 삼겹살처럼 저크치킨을 본격적으로 먹기 시작하는 때는 저녁 무렵. 특히 주말에는 저크치킨과 저크포크를 즐기러 나온 현지 자메이카인으로 거리가 가득 찬다. 저마다 다른 고기와 부위, 양념 비법으로 냄새를 피우며 지나가는 이들을 유혹하는 거리의 가게들. 사람들이 북적여 인기가 많아 보이는 곳 앞에 섰다. 뜨겁게 달궈진 숯을 넣은 통의 석쇠에 두툼하게 양념한 닭고기를 올리고 뚜껑을 닫는 주인, 그런데 여기에서는 피멘토 나무가 보이지 않는다.

"저희가 막 페퍼우드에서 저크치킨을 만드는 것을 보고 왔는데요. 나무 위에 올려 구워야 전통 저크치킨이라고 하던데 여기에선 나무가 보이지 않네요."

"맞아요, 엄밀히 말하면 이건 팬치킨이죠. 특제 양념한 고기를 이렇게 뚜껑을 닫고 굽는데 연기가 아주 많이 나서 훈연 효과가 있기 때문에 맛은 저크치킨이랑 굉장히 흡사해요."

전통적인 방식의 저크치킨은 아니지만 맛은 장담하니 일단 한번 먹어보라는 주인장의 말에 1인분을 포장해 받았다. 은박지에 싸인 두텁게 썰린 닭고기와 빵, 취향에 따라 케첩을 뿌려 먹는다. 불맛이 가득 배인 맵싸하면서도 달콤하고 육즙이 흐르는 닭고기의 맛, 나의 예상보다도 팬치킨의 맛은 훌륭했다. 여기에 빵까지 곁들이면 완벽한 맛과 영양의 한 끼, 한국에서도 매일 먹고 싶은 맛이다.

"스카치보네트와 파, 양파, 피멘토, 타임, 올스파이스 등등을 넣어 만든 저희만의 저크 양념에 닭고기를 이틀 동안 재워요."

이틀 동안 저크 양념에 재워 진한 맛이 배게 한 뒤 굽는 시간은 삼십 분, 우드스틱 방식에 비해 굽는 시간은 4분의 1밖에 안 되지만 맛은 뒤지지 않는다. 1인분을 금방 먹어치우고 다른 노점 앞에 섰다. 방금 전의 노점상은 닭가슴 살 부위를 팔았는데 이곳은 다리와 날개 전문이다. 나무와 같이 두 시간가량 천천히 익힐 때에는 닭 한 마리를 통째로 구워도 되지만 노점의 팬바비큐 방식으로 삼십 분 안에 굽기 위해서는 부위별로 토막 내 구워야 한다. 또 부위별로 굽는 시간이 다르니 각각 주력하는 부위가 다르다. 길 위의 방식에 맞게 가장 맛있게 구울 수 있는 최적의 방식을 찾아낸 셈이다.

"저크치킨을 처음 먹었을 때는 1970년대였어요. 그전에는 저크치킨이나 저크 음식을 먹어본 적이 없죠. 마룬족 공동체 내에서 먹던 음식이었으니까요. 그러다 1970년대에 섬 전역에서 저크 열풍이 불며 인기가 많아졌죠. 하지만 팬치킨은 그전부터도 아주 인기가 많던 음식이에요. 이 사람들은 전문가죠."

자메이카 저크치킨의 유래에 대한 몇 가지 설이 있는데 그 가운데 하나가 자메이카의 해적이 처음 저크치킨을 만들어 먹었다는 것이다. 나는 먼저 캐리비안 해적의 본거지로 잘 알려진 오래된 항구 도시 포트로열을 방문했다.

"이 도시는 한때 가장 사악한 도시로 알려져 별명조차 소돔과 고모라였어요."

포트로열에서 나를 맞은 것은 서인도제도대학 역사문화학과 부교수 리사 토림슨 씨였다. 영화 〈캐리비안의 해적〉 시리즈의 주요 무대이기도 했던 포트로열은 원래 작고 평화로운 어촌 마을에 지나지 않았다. 하지만 자메이카가 스페인의 식민지에서 영국의 식민지로 주인이 바뀌던 17세기에 들어서면서 세계 최대의 해적 도시로 급부상한다.

1657년 영국의 총독이 프랑스와 스페인으로부터 도시를 방어하기 위해 이곳으로 전 유럽의 해적들을 불러 모았기 때문이다. 영국은 이들 해적에게 네덜란드나 스페인의 선박을 나포해도 된다는 나포면허장Letter of the Marque을 주었고 이것은 해적에게 마음대로 선박과 물품을 도둑질해도 된다는 허가와 다름없었다. 영국에 고용되어 포트로열로 모여든 전 세계 해적들은 온갖 보석과 값비싼 물품을 도둑질했고 곧 포트로열은 서반구에서 가장 부유한 도시가 된다. 1660년대에 접어들어서는 '신세계의 소돔'으로 불리며 사치와 방탕, 쾌락의 상징으로 악명을 떨친다. 그러나 시간이 지나 카리브해의 제해권을 손에 넣게 되자 영국 총독은 1687년 해적질을 금지하는 법안을 공포하고 해적들을 잡아들여 처형하기 시작했다. 순식간에 포트로열은 해적들의 천국에서 지옥으로 변했다.

그러던 와중인 1692년에 자메이카를 강타하는 큰 지진이 일어난다. 도시의 3분의 2가 가라앉았고 인구의 절반이 숨지는 비극적인 천재지변이었다. 그 이후 다시는 포트로열은 과거의 영광을 되찾지 못한다. 1692년의 대지진을 사람들은 방탕하고 타락한 도시에 내린 천벌이라고 믿었다. 항구에 늘어선 200년이 넘은 아름다운 붉은 벽돌 건물들에서 조금이나마 옛날의 영광을 찾아볼 수 있는 포트로열. 전성기에 지어졌던 대부분의 건축물들은 물밑에 잠겨 있다.

"자메이카를 대표하는 저크치킨을 이 해적들이 만들었다는 설이 있죠. 고기를 훈제해서 먹던 해적들이 긴 항해에서 고기를 상하지 않게 보관하기 위해 향신료를 고기에 두텁게 발라 건조시켜 육포를 만들어 먹은 것에서 유래했다는 거죠. 이 '저크'라는 단어가 스페인의 '염장한 고기'를 뜻하는 'Charqui'에서 왔고 육포를 뜻하는 'Jerky' 역시 여기에서 파생된 단어라는 것이 증거지요."

그러나 리사 교수에 따르면 저크치킨의 보다 유력한 기원설은 다른 것이었다. 저크치킨의 창시자는 해적들이 아니라 도망친 노예들인 마룬족이었다는 것이다. 이 가설을 이해하기 위해서는 역사 공부가 좀 필요하다.

15세기 후반, 콜럼버스가 자메이카 섬을 정복한 뒤 16세기 스페인 식민 당국이 서아프리카의 흑인을 노예로 들여왔고 이 노예들 가운데 일부가 산속으로 도망쳐 자신만의 은신처를 마련했다. 1655년 지배 체제가 영국으로 변하는 혼란기에 또 한번 흑인 노예들이 대거 탈출하여 산중의 은신처에 합류하게 된다. 이들이 바로 마룬족이다. 마룬은 스페인어로 '야생'이라는 뜻인 '시마론'에서 유래했는데 이들은 80년간 험난한 산악지대에 은신하며 영국 군대에 저항했다. 1739년 영국과 평화조약을 맺은 이후 토지 소유를 인정받은 마룬족은 지금까지도 자신만의 고유문화를 더욱 공고히 이어오고 있다.

가장 대표적인 마룬족 마을은 자메이카 북동부 포틀랜드주의 무어타운이다. 이곳은 2008년 마룬의 공동체 문화로 유네스코 인류무형문화유산 대표 목록에도 등재되었다. 마침 무어타운 다음으로 유명한 마룬족 마을인 찰스타운에서 마룬족을 대표하는 축제가 열린다는 소식을 듣고 그곳으로 향했다. 곳곳에서 춤과 음악이 흐르고 고기를 굽는 천막이 늘어선 찰스타운의 축제 현장에서 자메이카 음식 전문가인 자넷 크릭이 나를 안내했다.

축제 곳곳에서 숯불구이 냄새가 진동했는데 숯불 위에서 익어가는 돼지고기 다리에는 피멘토와 고추, 레몬그라스 등을 섞은 양념이 잔뜩 발라져 있었다. 자넷은 저크의 원조는 이러한 마룬족의 고기 훈연 방식과 맞닿아 있다고 설명한다.

"이것이 전통적인 마룬족 요리 방식이죠. 돼지 다리를 통째로 숯불 위에서 굽는 방식이에요. 영국군에 도망쳐 산으로 숨은 마룬족 노예들이 오랫동안 고기를 보관하기 위해 매운 양념을 바른 것, 그리고 연기가 피어올라 사는 곳을 들키지 않도록 땅에 구덩이를 파 숯불을 넣고 고기를 묻은 뒤 잎사귀로 덮어 연기를 막았던 방식이 합쳐져 오늘날의 저크 방식이 완성된 거죠."

사실 땅을 파고 숯을 태우면서 나뭇가지로 만든 그릴에서 향신료로 양념한 고기를 오랜 시간 조리하는 방식은 미국 남부 노예들의 훈제 바비큐의 방식과도 상당히 닮아 있다.

"살아남기 위해 찾은 요리법이에요. 이 돼지도 농장에서 기르던 것이 아니라 멧돼지죠. 당시에 구할 수 있는 고기는 야생의 고기뿐이었으니까요."

향신료와 연기가 더해진 멧돼지 다리의 맛은 야생의 생명력이 그대로 담겨 있다. 이곳 사람들에게 '저크'가 무엇이라고 생각하는지 자넷에게 물어보았다.

"어떤 사람들은 저크라고 하면 고기의 연기 맛을 생각하고 어떤 사람들은 저크가 아주 매운 양념을 바른 것이라고 생각해요. 혹은 양념 그 자체라고 생각하죠. 제가 볼 땐 두 가지가 동시에 있어야 해요. 양념 없이 연기에 굽기만 하거나 양념은 했는데 연기에 굽지 않았다면 그건 저크가 아니죠."

영국군에게 발각되지 않기 위해서 마음 놓고 불을 피울 수 없었던 마룬족에게는 땅을 파고 나뭇잎으로 덮는 이런 저크 방식이 생존에 도움이 되었을지도 모른다. 자메이카 원주민이었던 태노족도 땅에 굴을 파 생선을 연기로 굽던 방식을 알고 있었는데 이들 역시 저크 요리법에 일조했을 가능성도 있지만, 저크의 창시자는 마룬족일 가능성이 높아 보인다.

노예제는 저크 방식 말고도 자메이카의 식문화에 지대한 영향을 미쳤다. 대중화된 저크와 함께 마룬족의 식사에서 자주 볼 수 있는 것은 뿌리채소인데 이들은 뿌리채소를 가리켜 '푸드 food'라고 부른다. 이들에게는 뿌리채소가 곧 음식이고 음식이 곧 뿌리채소인 셈이다.

뿌리채소 가운데 가장 널리 식용으로 이용되는 것은 얌이다. 자메이카에는 백색얌, 황색얌, 렌틸얌 등 200여 종에 달하는 얌이 있다. 얌은 식민지시대 서아프리카에서 노예와 같이 배에 실려서 자메이카로 건너온 먹거리로 자메이카인이 오늘날 즐겨 먹는 빵나무 열매도 그 가운데 하나다. 빵나무 열매는 질감이 감자같이 부드럽고 탄수화물 함유율이 높아 아프리카에서 끌려온 노예들에게 중요한 에너지원이 되었다. 지금도 자메이카인은 이것을 튀기거나 끓이거나 구워서 먹는다. 얌이나 빵나무 열매는 밀가루로 만든 빵조차 노예들에게 먹이는 것을 아까워했던 백인 농장주들의 약삭빠른 계산의 결과로 수입된 것이라 볼 수 있다.

콩과 밥을 함께 먹는 것도 흔한데 특히 일요일에는 강낭콩밥을 먹는 것이 이곳의 전통이다. 마룬족의 전통 음식을 판매하는 가게들을 돌다 좋은 냄새가 나는 스튜가 있어 한번 맛보았다. 육류를 넣어서 끓인 것인가 해서 주민들에게 물어봤더니 고기가 아니었다.

"그건 고기가 아니라 베지청크, 콩고기예요. TVP 혹은 'Texture Vegetable Protein'이라고도 부르죠. 커리에도 넣고 저크로 만들기도 해요. 베지청크는 마룬족의 전통 음식은 아니고요. 라스타파리언이 채식을 하면서 이걸 고기의 대체식으로 이용하며 자메이카 전역에 퍼졌어요."

자메이카의 독특한 식문화를 이해하기 위해서는 빠질 수 없는 종교가 있다. 바로 라스타파리Rastafari다. 이것은 1930년대 자메이카에서 시작된 신흥 종교로 이 종교를 믿는 사람들을 라스타파리언이라고 부르는데 세계적인 뮤지션 밥 말리가 대표적이다.

라스타파리는 노예로 끌려온 흑인이 언젠가는 아프리카로 돌아갈 것을 믿으며 에티오피아의 하일레 셀라시에 황제를 신으로 모신다. 라스타파리가 처음 탄생했을 때는 자메이카 내 흑인의 국민운동으로 부흥했지만 점차 전 세계로 퍼져나가 하나의 문화가 된 것이다. 머리를 꼬아 만드는 드레드머리, 레게 음악, 대마초 흡입, 채식 문화 등이 라스타파리의 라이프스타일을 대표한다. 우리가 자메이카를 떠올릴 때 생각하는 이미지 대부분이 실은 라스타파리와 관련된 것들이다.

아프리카의 왕을 신으로 숭상하다니, 어떻게 보면 황당하지만 이들은 신이 불순종을 처벌하면서 아프리카 흑인을 백인의 노예로 만들었으며 하일레 셀라시에가 아프리카계 주민을 아프리카로 돌려보낼 땅을 마련해두었다고 믿었다. 백인의 핍박과 지배 속에서 자신의 뿌리를 찾아 아프리카로 돌아가고 싶어

하던 이들의 열망이 담긴 종교랄까. 육식을 금지하고 자연식을 하며 대마초 흡입을 종교적 행위로 보는 이 독특한 종교는 이미 저항의 상징이 되어 전 세계에 자리를 잡았다.

하일레 셀라시에가 1975년 사망한 이후에는 실제 육신이 아프리카 땅으로 돌아가는 것이 아닌, 영혼이 아프리카로 복귀하는 것을 염원하며 이어지고 있다. 현재 자메이카는 라스타파리의 영향으로 세계적인 대마초 생산지가 되었는데 이것이 자메이카 경제를 움직이는 원동력이 되기도 하지만 폭력과 빈곤의 원인 또한 이로부터 발생하고 있다. 라스타파리언은 자메이카 내에서도 소수이지만 이들의 식문화만큼은 마룬족의 마을에서 따라할 정도로 퍼져 있다. 양배추와 청경채, 우유로 만든 채소스튜도 있었는데 이 역시 아이탈ital 스튜라고 불리는, 밥 말리가 생전 가장 좋아했다는 라스타파리언의 대표적인 음식이다.

식량자주권을 외치는
레게덥 시인

"축복하고 사랑합니다. 저는 라스 타쿠라입니다."

라스 타쿠라를 만난 것은 찰스타운의 축제 현장이었다. 드래드머리를 한 채 마리화나를 피우고 있던 그는 자신을 레게덥 시인DUB POET이라고 소개했다. 그가 눈길을 끈 것은 〈Food War〉라는 그의 앨범 제목 때문이었다. 라스타파리언과 음식, 밥 말리와 자메이카의 식문화 사이에 어떤 연관이 있을까에 대한 답을 찾을 수 있을 것 같았기에 취재를 요청했다.

그가 음악 연습을 한다는 작업실 문을 열자 작업실 안은 뿌연 연기로 가득 차 있었다. 라스타쿠라와 그의 밴드 멤버들은 이미 마리화나에 취해 있는 상태. 흡연은 아무 곳에서나 하면 안 되지만 마리화나는 길거리나 술집 등에서도 공공연하게 피우는 모습을 심심치 않게 만나는 자메이카, 게다가 대마를 피우는 것이 종교적 행위로 간주되는 라스타파리언이라면 당연한 일이었다. 나는 그가 음식에 관한 노래를 부르는 이유가 궁금했다.

"자메이카의 레게 아티스트는 우리 농업과 천연종자에 관심이 많아요. 그리고 저는 라스타파리언이죠. 이곳에서는 대개 레게 아티스트가 라스타파리언이에요. 라스타파리는 식량자주권을 추구하죠."

라스타파리에서 신으로 숭상하는 하일레 셀라시에는 농업의 중요성을 강조하며 식량자주권을 지키려는 정책을 폈고, 라스타파리언은 이에 따라 농업에 관심이 높다. 또 자연식을 추구하기 때문에 기본적으로 육식을 금하고 채소와 열매, 과일로 이루어진 식사를 하며 스스로의 음식을 아이탈푸드라 부른다. 이들에게 레게는 단순히 음악이 아니라 하나의 라이프스타일이다. 라스타파리, 레게, 아이탈푸드 모두가 한 줄기로 묶인다. 라스타쿠라 역시 레게뮤지션인 동시에 라스타파리언의 생활 방식으로 살아가며 농업운동을 한다.

"저는 GMO를 반대하며 그 위험성을 음악으로 알려요. 우리가 먹는 것이 바로 우리예요. 그렇기 때문에 나무에서 열리는 것, 땅에서 나는 것, 자연에 가까운 것, 우리 조상이 먹는 것을 지켜야 합니다."

그는 채식을 하는 이유에 대해 인간은 본래 육식동물이 아니며 죽은 동물의 사체는 인간이 먹기에 적합하지 않기 때문이라고 말한다. 인간의 치아 구조가 개, 사자, 호랑이와 같이 동물을 자르거나 뜯지 못하게 되어 있을 뿐 아니라 소화기관도 그렇지 못하고 단지 오랜 시간 고기를 먹으며 억지로 순응한 것뿐이라고. 그렇다면 자메이카에서 가장 유명한 저크치킨과 레게는 동떨어진 문화일까?

"레게 음악에는 자메이카의 정신이 담겨 있어요. 그리고 자메이카에서 저크는 중요한 문화죠. 하지만 자메이카인의 대다수는 라스타파리언이 아니고 레게뮤지션의 대다수는 라스타파리언이죠. 라스타파리언은 육식을 하지 않고요. 결국 레게 음악과 저크치킨의 공통분모는 자메이카라는 것밖에 없어요. 내 노래에도 이런 가사가 있지요. '당신 음식이 약이 되게 하라, 당신의 약은 음식이다, 신성한 힙합은 자메이카 음식을 알린다, 먹고 싶은 맛있는 음식을 만들어라'. 자메이카의 음식은 한 접시에 자메이카의 온갖 재료와 전통을 담은 시입니다."

라스타파리언은 채식주의 식단을 따르지만 저크 양념이 자메이카의 식문화에서 빠뜨릴 수 없는 부분이기 때문에 이들은 저크로 양념한 두부, 베지청크, 채소 등을 먹는다.

"레게 음악을 내걸고 저크치킨을 파는 식당들이 있어요. 해외도 그렇지만 자메이카에도 많아요. 이건 사실 다 관광객용 마케팅이에요, 레게와 저크치킨을 합쳐서 브랜드화한 거죠. 레게뮤지션은 육식을 하지 않는데 말이에요."

라스 타쿠라는 자메이카의 음식이 세계인의 사랑을 받게 된 이유가 옛 전통을 버리지 않고 잘 간직하고 있기 때문이라고 믿는다. 많은 아티스트가 도시에 살며 갱스터와 돈에 대해 이야기할 때 본인은 농촌에 살며 음식과 흙에 대해 이야기하고 싶다는 라스 타쿠라. 그의 말대로 레게는 음악에 그치는 것이 아닌 말 하나의 섭생과 생활철학이자 종교적 신념인지도 모른다.

레게가 수많은 이들에게 자유와 해방의 노래로 불려진 것은 사랑에 대한 메시지, 고통 받는 이들을 위해 싸운다는 혁명적인 메시지를 담고 있었기 때문이다.

약속의 땅이자 희망의 땅인 아프리카로 회귀하려는 열망, 억압과 차별로부터 벗어나려는 저항의 음악 레게와 도망쳐 나온 흑인 노예가 살아남기 위해 만들어낸 음식 문화 저크는 이렇게 닮은 듯 동떨어져 있었다.

춤추고 노래하는 시장

　자메이카의 식문화를 한눈에 볼 수 있는 장소가 한 곳 있다. 바로 코로네이 시장이다. 이번에도 리사 톰슨 씨가 동행했다. 밝은 햇볕이 내리쬐는 주말의 시장, 가락시장만큼 큰 규모에 온갖 채소와 과일 가게가 늘어선 시장은 즐거움이 만발했다. 전통 시장 하면 어디나 흥겨운 분위기지만 자메이카의 시장은 남다르다. 흥에 겨워 시장 한복판에서 춤을 추는 자메이카인, 과연 흥과 끼가 많은 민족답게 카메라를 향해 손을 흔들며 춤을 추고 노래를 부른다. 햇살을 받으며 웃고 춤추는 자메이카인의 모습은 실로 아름답고, 한편으로는 감동적이기까지 하다. 오랜 기간 핍박의 역사를 거치며 낯선 이에게 배타적이고 낯을 가리기도 하지만 한번 마음을 열면 세상에서 가장 순박하고 착한 이가 자메이카 사람들이라는 말이 있다. 이들에게 전통 시장은 단순히 물건을 사는 곳을 넘어 자신들의 전통 문화를 공유하고 사람을 만나며 웃고 소통하는 공간이다.

　이 전통 시장은 서아프리카에서 들어온 노예들을 위한 장터에서 시작되었다. 식민지 농장주들이 어떻게 하면 이들에게 들어가는 식비를 줄일 수 있을지 고민하다가 노예들이 직접 작물을 재배해 먹을 수 있도록 작은 텃밭을 제공했다. 농장주들이 비용을 아끼기 위해 생각해낸 방법이지만 작물을 키울 수 있는 농장을 갖게 된 노예들은 기뻐했다. 자신들이 고향에서 먹던 작물을 직접 재배했고 이들은 남은 작물을 시장에 가서 파는 방법을 생각해냈다. 특히 서아프리카의 여성들은 장사 수완이 있었다. 이미 서아프리카에는 시장 제도가 정착되어 있었기에 고향에서의 광경이 재현되었다.

노예도 주말은 쉬었기에 그들은 주말마다 시장을 열었다. 이곳에서 각기 재배한 식재료들을 사고팔기 위한 장터였지만 이곳은 해방의 공간이기도 했다. 함께 어울려 고향의 춤을 추고 시장 한편에서는 종교 의식이 이루어졌다. 현대에 와서는 슈퍼마켓이 시장의 역할을 대신하게 되었지만 아직도 이곳에는 저렴한 가격과 흥겨운 분위기를 즐기러 시장을 찾는 이들이 많다. 시장 곳곳에는 참마와 카사바, 호박, 오크라 등의 채소와 열대과일이 쌓여 형형색색 시각적인 즐거움을 준다. 저크 양념을 적극적으로 사용하는 나라답게 향신채와 향신료가 많은 것도 특징이다. 리사가 이번에는 검은 후추처럼 생긴 향신료를 한 움큼 봉지에 담는다.

"후추를 닮았죠? 후추가 아니라 피멘토예요, 아주 다양한 향을 내죠."

피멘토pimento라는 이름도 스페인인이 자메이카에 와 후추라고 착각해 본인들 말로 후추를 뜻하는 피미엔타^{pimiento}라고 부른 것에서 유래한다. 영어로는 올스파이스로 불리는 피멘토는 시나몬, 정향 등 다양한 향신료의 맛이 섞여 있고 그 향이 강해 자메이카 음식에 즐겨 쓰인다. 약용 목적으로 쓰여 코스타리카에선 소화제로, 자메이카에서는 위경련이 있을 때 차로 마시기도 한다. 물론 저크치킨에도 빠지지 않는 향신료기도 하다. 피멘토를 지나자 빨강, 노랑, 초록 고추가 산더미처럼 쌓인 가게가 눈에 들어왔다.

"이게 저크 양념의 핵심인 스카치보네트예요."

자메이카인이 가장 사랑하는 고추이자 세계에서 매운맛 5위권 안에 드는 아주 매운 고추, 마치 스코틀랜드인의 모자같이 생겼다 해 이름 붙은 스카치보네트는 향을 맡는 것만으로도 코가 매캐해진다. 작은 피망처럼 귀엽게 생긴 모습에 강력한 매운맛을 내는데 색상도 빨강, 초록, 노랑으로 다양하다. 고추 가게에는 이것 외에도 칠리 페퍼, 하바네로 등 다양한 고추를 판매하고 있었다. 스카치보네트를 장바구니에 담는 리사에게 자메이카인은 왜 그렇게 고추를 좋아하는지 물어봤다.

"매운맛 자체를 즐기는 것도 있지만 노예제 시기 때 용이한 음식 보관을 하기 위해 많이 사용하게 되었어요. 고추는 음식을 오래 보관할 수 있게 해주거든요."

본래 매운맛은 화와 울분을 풀어준다고 했다. 스트레스를 해소하고 입맛을 사로잡는 매운맛에 보존 기간은 더 늘어나니, 고추는 자메이카 노예에게 더없이 고마운 재료였던 것이다. 거기

에 노예들이 먹을 수 있는 고기는 주인들이 먹지 않는 질이 떨어지는 부위였을 테니 강한 양념으로 고기를 재워 누린 맛을 잡는 방법이 더 발달했을 터다.

'악마의 매운맛'이라 불리는 스카치보네트 고추, 워커스우드 캐리비안푸드 농장은 스코빌지수 10만~30만의 이 무시무시한 고추를 비롯해 다양한 고추와 향신료를 직접 재배해 저크 양념을 생산하는 자메이카 최대의 생산 업체다. 벼랑길을 타고 구불구불 S자 길을 지나 산악지대로 가자 고추나무가 끝도 없이 펼쳐져 있다. 우리나라의 고추밭과 비교했다가는 그 거대한 크기에 입이 떡 벌어진다.

다른 고추밭 언덕 몇 개를 넘으니 그제야 나오는 스카치보네트 밭. 고추라기보단 쭈글쭈글한 피망같이 생긴 스카치보네트는 빨강, 노랑, 초록 다양한 색이 있는데 겉보기와 달리 노란색 스카치보네트가 가장 막강한 매운맛을 지니고 있다고 한다. 그런데 왜 자메이카인은 많은 고추 가운데 스카치보네트를 고집할까?

"스카치보네트는 맵지만 무조건 맵기만 한 게 아니에요. 자메이카에서는 맵기와 풍미가 적절히 섞인 고추를 선호하는데 그게 바로 스카치보네트죠. 스카치보네트가 가진 맛있는 풍미 가운데 매운맛은 부차적일 뿐입니다. 스카치보네트보다 매운 고추야 더 있어요."

맵기로 유명한 하바네로 고추의 하위에 속하는 스카치보네트는 무엇보다 맵기와 풍미의 밸런스가 탁월하다는 것. 그 탁월한 풍미를 직접 맛보는 건 어떨까 싶어 한입 먹을까 고민하는데 농장주가 만류한다.

"저라면 먹지 않을 거예요, 절대. 그래도 먹는다면 꼭지와 씨 부분을 피해서 드세요."

살짝 집어 입술에 닿기만 했는데도 입술이 화끈거려 농장주의 말을 듣기로 했다. 이 고추를 만진 뒤에 눈을 만지는 것도 금물. 이에 비하면 한국의 청양고추의 맵기는 애교로 봐줄 수 있을 정도다.

수확된 스카치보네트는 공장에서 꼭지를 제거하고 세척한 뒤 잘게 갈아 식초, 소금을 넣어 저장된다. 그 뒤 같은 방식으로 간 봄양파scallion와 후추, 올스파이스 등을 더하고 가열해 완성한다. 일반 가정에서는 가열하지 않고 생으로 만들지만 이곳에서는 보존을 위해 그렇게 하는 것이다.

자메이카는 집집마다 저마다 다른 자신만의 저크 양념 레시피가 있다. 마치 우리나라의 고추장, 된장의 레시피와 맛이 집집마다 다른 것과 비슷하다. 시나몬을 넣는 곳, 넛맥을 넣는 곳, 타임을 넣는 곳도 있고 배합 또한 제각각이다.

"자메이카인은 매운 음식을 상당히 좋아하나 봐요."

"어린아이만 아니라면 거의 모두가 좋아해요. 그리고 거의 대부분의 요리에 고추가 들어가죠. 특히 따뜻하게 먹는 음식이라면 고추가 빠지지 않아요. 자메이카에서 고추를 안 넣는 것은 아이스크림과 시리얼뿐일 거예요."

매운맛은 가난의 맛이었다. 먹거리가 풍부하지 못한 지방의 서민들은 부족한 밥반찬 거리를 고추를 듬뿍 넣어 맵게 조리해서 먹었다. 신선도가 떨어지는 육류나 해산물의 비린 맛을 감추거나 오래 저장하기 위한 용도로도 고추를 사용하기도 했다. 혀가 얼얼할 정도로 매운 음식이 발달한 중국, 멕시코, 한국의 지방들이 대체로 식재료가 풍부하지 않았던 빈곤한 지역의 서민들이 즐겨 먹던 메뉴인 것은 우연이 아니다. 저크 양념의 매운

맛도 그러했다. 저렴한 재료들로 생존을 위한 요리를 해야 했던 노예들의 창의성이 오늘날 세계인을 매혹시킨 저크치킨을 탄생시킨 것이다.

풍요로움은 종종 창의성의 장애물이 된다. 한 미국인 셰프가 이런 말을 한 적 있다. "재료의 풍요로움은 미국 요리사들에게 축복이 아니라 저주였던 시기가 있었다. 미국식 요리가 다른 대륙에 비해 단조롭고 지루했던 이유는 좋은 식재료가 차고 넘쳐서였다. 고기, 유제품 과일, 채소가 지천이니 그냥 고기는 살코기만 가지고 스테이크로 굽고 채소는 잘 씻어서 드레싱 없어 신선 샐러드로 먹으면 됐다. 힘들게 버려진 고기 부위를 활용한 요리법을 고민할 필요가 없었다"고. 인류를 매혹시킨 요리들이 풍요가 아닌 궁핍함에서 탄생한 것처럼 저크치킨도 그러했다.

미국

AMERICA

이것이 바로
프라이드치킨 페스티벌

아프리카에서 끌려왔던 노예가 만들어낸 닭 요리는 저크치킨만 있는 것이 아니다. 오늘날 전 세계에서 가장 사랑받는 치킨 레시피, 프라이드치킨의 뿌리도 거슬러 올라가면 아프리카계 노예다. 그 주 무대는 미국의 남부다.

전 세계에서 닭을 가장 많이 먹는 나라 미국, 그 가운데서도 뉴올리언스는 프라이드치킨의 고장으로 이들에게 닭은 가장 사랑하는 식재료이자 소울푸드다. 그런 뉴올리언스에서 프라이드치킨 페스티벌이 열린다는 소식을 듣고 행사장을 찾았다.

미시시피강 근처 우든 베르크 공원에 도착하자 행사장 밖에까지 풍겨오는 고소한 프라이드치킨의 냄새에 절로 침이 나온다. 평소 죄책감 때문에 프라이드치킨 먹는 것을 꺼리는 이들이라도 이날 하루만은 모든 죄책감을 던져놓고 마음 놓고 프라이드치킨을 즐길 수 있다. 왜냐면 이곳은 다른 메뉴는 없고 오직 프라이드치킨밖에 없는 축제이기 때문이다. 말 그대로 치킨의 천국이다.

"프라이드치킨 페스티벌은 작년에 이어 올해가 두 번째예요. 아프리카계 미국인이 운영하는 홍보회사인 스피어스사가 주최하고 세계적인 기업인 케인즈가 후원합니다. 남부 사람이 가장 사랑하는 음식은 프라이드치킨이고 프라이드치킨 하면 뉴올리언스인데 프라이드치킨 페스티벌 하나 없다는 것이 말도 안 된다는 생각이 들었어요."

주최측 심사위원이 프라이드치킨 페스티벌에 대해 소개하며 나를 안내했다. 뉴올리언스는 미국, 이탈리아, 프랑스, 스페인, 아프리카, 중국, 한국 등 전 세계 모든 음식이 하나로 뒤섞인 음식의 용광로와 다름없다. 전통의 뉴올리언스 프라이드 레스토랑을 비롯해 세계 각국의 다양한 치킨 부스가 대회에 참여했다. 프라이드치킨 페스티벌에서는 최고의 프라이드치킨, 그리고 프라이드치킨을 활용한 최고의 요리 각 두 부분으로 나눠 시상한다. 관건은 기본적인 치킨의 풍미를 얼마나 잘 살리는지, 그리고 양념의 맛이 닭과 잘 어우러지면서도 독창성이 있는지다. 하지만 이미 부스 참가 자격이 주어진 것만 해도 그 지역에서 인정받은 식당이라는 증거다. 치킨 마니아라면 이곳이 젖과 꿀이 흐르는 땅일 테다.

"먹음직스러운 황금색에 한눈에 보아도 바삭해 보이는 외관이 환상적이죠. 가끔 닭의 색이 너무 진할 때가 있잖아요, 너무 오래 튀겼거나 기름이 오래되면 그래요. 이 프라이드치킨 외관은 100점이네요."

심사위원이 발을 멈춰 그 외관을 극찬하는 프라이드치킨을

받아 베어 물자 바사삭 부서지는 튀김옷 속에 터지는 육즙, 입
안에 꽉 차는 풍미가 정말 잘 만든 미국식 프라이드치킨의 정석
이라 할 만하다. 같은 부스에는 고추를 넣은 매콤한 치킨도 있
는데 이것은 마카로니 샐러드와 함께 먹는다. 마카로니 역시 뉴
올리언스의 주식 가운데 하나, 바삭하면서도 매콤한 치킨을 한
입 먹은 뒤 크림 가득한 마카로니를 먹으면 그 조화가 완벽하
다. 미국 남부에서 가장 맛있는 프라이드치킨이 다 모여 있어

겨우 부스 한 곳만 맛봤을 뿐인데 벌써부터 행복하다.

다음 부스는 이탈리아식 퓨전 치킨버거를 파는 곳, 닭 허벅지 살 튀긴 것에 프로볼로네치즈와 올리브샐러드, 햄을 넣었다. 바삭바삭한 치킨에 치즈의 풍미에 올리브샐러드가 신선함을 더한다. 치킨버거가 이렇게 고급스러운 맛을 내다니, 쉐라톤호텔 안에 있는 루비스트로Roux Bistro라는 고급 비스트로라고 한다.

이어 들른 부스는 치킨해물 검보에 닭 껍질 튀김을 올린 음식을 냈다. 검보gumbo는 미국 남부를 대표하는 매콤한 스튜, 고소한 닭 껍질 튀김이 풍부한 향신료의 풍미와 잘 어우러진다.

이어 베트남 스타일의 치킨 샌드위치를 판매하는 부스가 등장했다.

"저희 가족은 베트남에서 뉴올리언스주로 이주해 대대로 식품점을 운영했어요. 처음엔 다양한 종류의 샌드위치와 포보이를 판매하다가 점차 베트남식 터치를 더했어요. 로스트비프, 치킨윙 등을 베트남식으로 밑간해 팔았더니 인기가 많아졌죠."

포보이po'boy는 바게트처럼 생긴 뉴올리언스 스타일의 프렌치 빵 속에 새우나 고기, 튀긴 생선 등을 넣어 만드는 뉴올리언스의 전통 샌드위치다. 이들이 가지고 온 음식은 반미 샌드위치, 직접 구운 반미 바게트에 치킨과 새콤달콤한 베트남식 소스, 절인 당근과 양파, 고수, 오이 등을 넣어 만든다. 일반적인 반미는 닭고기를 넣을 때 구운 닭고기를 넣는데 튀긴 치킨을 넣자 고소한 맛과 새콤달콤한 소스, 고수의 맛이 어우러져 훨씬 잘 어울린다.

다음 부스 역시 치킨 샌드위치를 파는 곳이었다. 이곳에서는 뉴올리언스 스타일의 포보이를 파는데 빵에 페퍼젤리를 펴 바르는 것이 특이하다. 달콤하면서도 후추 맛이 풍기는 페퍼젤리를 소스 삼아 프라이드치킨과 코우슬로가 올라가 뉴올리언스의 맛 그 자체다. 프라이드치킨이 다양한 국적의 요리와 만나 다양한 요리로 탄생하는 뉴올리언스야말로 치킨의 도시가 아닐까 싶다.

"프라이드치킨은 뉴올리언스의 영원한 소울푸드예요. 뉴올리언스에서는 전통적으로 월요일에 프라이드치킨과 팥, 밥을 함께 먹어요. 옛날부터 월요일은 빨래하는 날이었는데 빨래를 온종일 하거든요, 그런데 팥을 요리하는 데도 시간이 오래 걸려서 팥 요리를 안쳐놓고 빨래를 하는 거죠. 그리고 빨래가 끝나면 치킨을 튀겨 팥을 곁들여 먹었던 거죠. 월요일에는 반드시 치킨을 먹지만 그렇다고 월요일에만 치킨을 먹는 건 아니에요. 대신 천주교 동네라 금요일에는 고기를 먹으면 안 되기 때문에 해물을 먹어요."

뉴올리언스의 치킨을 설명하던 심사위원이 나를 뉴올리언스에서 가장 유명한 치킨 가게 가운데 한 곳이라는 맥하디스 부스로 안내한다. 맥하디스McHardy's Chicken N' Fixins는 두키체이스, 윌리메이스 스카치하우스와 함께 뉴올리언스의 3대 치킨으로 꼽히는 가게로 신선한 맛과 푸짐한 양으로 사랑받는 곳이다.

"남편, 아들과 함께 세탁소를 운영하다가 2001년에 식당을 차렸어요. 우리의 비결은 닭의 꼬리 지방이나 허벅지, 가슴과 날

개의 불필요한 지방을 모두 제거한 뒤 깨끗하게 세척해 사용하는 거예요. 덕분에 맛이 깔끔하죠. 스테로이드를 전혀 사용하지 않은 닭을 쓰기 때문에 너무 큰 닭은 안 되는 거죠."

맥하디스는 이렇게 깨끗하게 세척한 닭을 직접 만든 양념을 입혀 튀김옷을 만드는데 두껍지 않도록 밀가루를 조금만 넣는다. 사장은 튀기는 장면을 직접 보여준다.

"이 친구는 튀기기의 달인이에요. 일반적인 프라이드치킨도 튀기지만 순살 가슴살을 직접 자른 수제 너겟도 튀겨요. 아이들이 너겟을 아주 좋아하는데 공산품을 먹이기는 싫으니까요. 치킨 스트립도 있고요."

남부 치킨의 특징은 튀김옷에 여러 가지 향신료를 듬뿍 넣어 풍미를 내는 것. 보통은 후추와 카이엔페퍼를 듬뿍 넣는데 맥하디스에서는 후추를 너무 많이 넣으면 닭고기 본연의 풍미가 사라지기 때문에 은은하게 퍼질 정도로만 넣는 게 비법이다.

"후추를 듬뿍 넣은 두꺼운 튀김옷의 치킨은 치킨을 먹는 게 아니라 후추맛 튀김옷을 먹는 기분이에요. 우리 튀김은 닭고기 맛 자체에 집중합니다."

얇게 반죽을 입힌 닭고기를 깨끗하게 걸러 관리하는 식물성 기름에서 바삭하게 튀긴다. 튀김 온도는 160도가량, 오래도록 치킨을 튀긴 직원이 너무 덜 튀기는 일도, 너무 많이 튀기는 일도 없이 딱 적당한 상태에서 튀김을 건진다. 맥하디스 치킨은 케이준프라이드, 레몬페퍼, 오리지널, 저크 맛 네 가지로 모두 인기 메뉴다. 사이드메뉴로는 그린빈, 루이지애나의 해산물을 올린 덮밥 일종인 에투페etouffee, 직접 만든 감자샐러드와 코우슬로, 향신료를 듬뿍 넣어 볶은 더티라이스와 프렌치프라이 등이 있는데 모든 메뉴를 매장에서 직접 신선하게 만든다. 통조림식품도, 냉동 식품도 전혀 사용하지 않는다는 것이 맥하디스의자랑이다.

주인이 건네주는 맥하디스의 오리지널 프라이드치킨은 옷이 얇고 바삭한 가운데 매콤한 향신료의 향이 은은히 퍼진다. 특별함은 없지만 제대로 잘 튀긴 깨끗한 치킨의 맛이 기분 좋다. 덕분에 새벽까지 현지인으로 북적이는 레스토랑은 지역사회에 기여하기 위해 다양한 기부 등의 활동을 펼치며 지역의 퇴직 간호사들을 직원으로 채용한다. 한 지역의 소울푸드가 그 지역민을 뭉치게 하고 나아가 그곳을 발전시키는 데 도움을 주고 있다.

치킨대회를 주최하는 스피어스사의 대표를 만날 수 있었다.

"저의 가장 친한 친구가 치킨페스티벌을 만들면 좋겠다는 얘기를 꺼냈죠. 그 얘기를 듣자마자 치킨페스티벌이라면 뉴올리언스에서 열어야 한다고 생각했어요."

미국 남부의 문화를 대표하는 프라이드치킨. 루이지애나와 미시시피, 앨라배마, 텍사스 등 미국 남부를 떠올리면 미국을 상징하는 정서가 보인다. 그래서 미국 남부의 음식은 곧 미국을 상징하는 음식이 되는 것. 실제로 남부 출신 요리사들이 미국 전역으로 퍼져 프라이드치킨을 만들며 프라이드치킨은 남부를 넘어 미국의 상징이 되었다. 나는 미국을 대표하는 남부 프라이드치킨의 기원을 따라가보기로 했다.

소울푸드에
담긴 것

인디언말로 '위대하다'는 뜻의 미시시피강은 그 이름처럼 나일강과 아마존강에 이어 세계에서 세 번째로 긴 강으로 미국의 31개 주에 걸쳐 흐른다. 뉴올리언스는 미시시피강을 빼놓고는 이야기할 수 없다. 1812년 피츠버그에서 뉴올리언스로 내려온 증기선은 미시시피강을 탐험하는 첫 배였고 그렇게 뉴올리언스의 대규모 농장에서 생산된 목화와 사탕수수가 미국 전역에 배달되었다. 뉴올리언스는 강 무역을 통해 부흥했지만 이것은 흑인 노예의 노동력 착취를 기반으로 한 것이기도 했다.

미시시피강 유역의 비옥한 토지에 자리 잡은 30만 평의 대농장 '휘트니 플랜테이션' 박물관, 한 언론사에서는 이곳을 '모든 미국인이 방문해야 하는 농장'이라 했다. 250년 전 이곳의 대규모 사탕수수밭에서 이뤄진 100여 명의 흑인 노예 착취의 역사가 그대로 남아 있는 박물관으로 노예제도의 역사에 초점을 맞춘 몇 안 되는 박물관이다.

나는 뉴올리언스의 딜라드 대학에서 흑인문화학을 연구하고

치킨인류

있는 젤라 팔머와 함께 이곳의 대저택을 둘러보았다. 한눈에 보아도 그 옛날 부가 드러나는 대저택 한 켠의 벽에는 노예 이름이 적혀 있고 노예 아이 40명의 동상이 서 있다.

당시 미국에서는 흑인을 재산으로 분류했는데, 그들은 인간의 권리를 갖지 못했으므로 재산을 소유할 수 없었고 법적으로 결혼할 수 없었으며 주인의 허락 없이 농장 밖으로 나갈 수도 없었다. 그런 그들에게 사육과 조리가 허락된 유일한 가축이 바로 닭이었다.

"1860년대 이곳에서 마리라는 이름의 흑인 여성이 요리를 했지요. 흑인 노예들과 농장주의 음식을 매일 들고 날랐어요. 찌는 듯 무더운 루이지애나의 여름에 냉방 기구도 없는 주방의 불 앞에서 일했을 거라고 생각해보세요."

대저택의 옛날식 주방에 서 젤라가 이야기했다. 농장주는 비용을 최소화하기 위해 할 수 있는 한 식재료를 자급자족했는데 농작물뿐 아니라 꿩이나 소 등 가축을 키워 먹기도 하고 크레올식 요리의 일종인 검보의 주재료로 미시시피강에서 나는 민어나 거북이를 사용하기도 했다. 주방에는 오븐이 있었는데 이곳에서 꿩이나 비둘기, 다람쥐를 구웠다.

농장주는 송어나 민어, 닭, 꿩에 커피나 와인 등 다양한 음식을 먹었지만 노예는 주인이 주는 음식만을 먹을 수 있었다. 주인은 살코기를 먹고 남은 닭의 부속, 포크와 나이프로 발라먹기 힘든 목뼈와 날개를 노예들에게 주었다. 노예는 이것에 반죽과 양념을 더해 기름에 튀겨 먹으면 더 맛있고 배부르게 먹을 수

있다는 것을 알게 되었다.

"흑인 노예 출신지인 아프리카 서부, 중앙아프리카 등지에는 생선을 튀기는 조리법인 '라딩'이 있었어요. 생선을 야자유에 튀겨 먹었죠. 그들이 미국으로 건너와 그대로 같은 방법으로 조리해 프라이드치킨, 혹은 프라이드피시를 만들었어요. 어느 지역으로 이주하느냐에 따라 튀기는 재료가 달라졌는데 버지니아 등지는 루이지애나처럼 해산물을 쉽게 구할 수 있는 환경이 아니었어요. 또 루이지애나에서는 밀가루를 구하기 힘들어 옥수수가루를 사용한 튀김이 발달했죠."

농장주는 고기의 가장 좋은 부위를 향유했다. 와인도 프랑스 등지에서 가져온 좋은 와인을 마셨다. 가난한 백인은 흑인이 먹는 것과 같은 음식을 먹었다. 그래서 남부를 보면 백인이냐 흑인이냐보다 어떤 계층이냐에 따라 먹는 음식이 비슷하다. 오크라를 이용한 요리나 양배추 스튜도 많이 먹고 잠발라야, 콘브레드 등도 흑인 노예에게서 대중화되었다.

아이티 지역에서는 밥에 팥을 곁들여 먹었는데 이것이 뉴올리언스에서 월요일에 팥과 밥, 프라이드치킨을 먹는 전통으로 연결되었다.

"프라이드치킨의 가장 오래된 조리법은 마리 랜돌프라는 아프리카계 가정부가 쓴 요리책에 나온 것이에요. 그녀는 여러 가정부의 조리법을 모아 책에 담았는데 당시로는 가정부로 일하는 이들의 목소리를 담는다는 것이 흔치 않은 일이었죠. 책에는 가정부들의 이름도 같이 실렸어요."

노예해방 이후 흑인은 자신만의 비법이 담긴 프라이드치킨 가게를 열기 시작했고 그렇게 이들의 프라이드치킨은 남부 전역으로 퍼져나갔다. 닭이 비싸던 시절 흑인은 닭이 귀한 식재료라는 인식을 가지고 있었기에 이들은 크리스마스와 같이 특별한 행사가 있을 때 프라이드치킨을 요리해 먹었다. 그런 전통이 더해져 프라이드치킨은 수박, 돼지곱창과 함께 흑인의 상징적인 음식이 되었다. 때로 프라이드치킨은 흑인이 좋아한다는 틀에 박힌 인종차별의 요소로 쓰이지만, 그럼에도 불구하고 이들에게서 프라이드치킨의 창시자라는 영광을 빼앗을 수는 없을 것이다.

휘트니 플랜테이션 박물관의 쿠킹스튜디오에 선 젤라는 뉴올리언스식 중국 면 요리인 '야카메인yakamein'이라는 엄마의 요리이자 숙취 해소 음식을 만들어주기로 했다. 자신의 소울푸드라며 소개한 요리가 뜻밖에도 중국식 면 요리인 것. 뉴올리언스에는 옛날부터 중국계 미국인과 아프리카계 미국인이 많았다. 그들의 문화가 뒤섞이고 뉴올리언스 가족의 전통 양념이 첨가되면서 야카메인이 탄생했다. 여러 문화가 뒤섞인 다인종 도시인 뉴올리언스의 특색이 고스란히 담긴 음식인 것이다.

"사람들은 뉴올리언스 하면 프라이드치킨만 생각하지만 이는 사실 뉴올리언스식 문화의 일부일 뿐이죠. 해산물도 유명하고 새우, 케이준 양념, 베트남 음식, 중국 음식, 이탈리아 음식이 다 함께 있어요."

중국의 쌀국수 대신 스파게티 면을 익힌 뒤 솥에 젤라만의 비법 양념과 닭고기를 넣고 삶는다. 그릇에 스파게티 면, 닭고기, 삶은 달걀에 진한 닭 육수를 담으면 야카메인이 탄생한다. 스파게티 면과 중국식 육수, 그리고 뉴올리언스식 양념이 만나다니 그 맛이 잘 상상이 안 가지만 의외로 야카메인의 맛은 따뜻하고 친숙했다. 진한 닭육수와 스파게티 면이 어우러져 과연 해장 음식으로 제격이다. 어떤 이들은 여기에 핫소스를 듬뿍 넣어 매운맛을 더하기도 한다.

"닭고기는 우리 문화와 역사의 일부입니다. 물론 다른 고기로도 야카메인을 만들 수 있죠.그렇지만 우리는 닭고기를 정말로 사랑해요."

뉴올리언스에는 프라이드치킨 외에도 치킨파스타, 잠발라야, 치킨 쉬림프, 치킨 검보, 치킨 샐러드 등 수많은 닭고기 요리가 있다.

"어린 시절 동네에 양계장이 있었어요. 매주 일요일마다 흑인 사회에서는 치킨 요리를 꼭 해먹었기 때문에 일요일에는 그 양계장에 가 닭을 잡아 왔죠. 어머니는 닭 비계를 남겨두었다가 요리를 할 때 기름을 냈어요."

젤라 집안의 프라이드치킨 비법 레시피를 알려줄 수 있느냐고 묻자 그런 기밀을 알려주면 죽어야 할 수도 있다며 짓궂은 장난을 쳤다. 이들에게는 할머니의 레시피, 어머니의 레시피가 남에게 쉽게 알려주지 않는 비밀이자 집안 대대로 물려주는 보물과도 같은 것. 젤라의 아이들도 할머니에게 이 비법을 배웠다고 한다.

대신 젤라는 뉴올리언스의 현지인에게 가장 인기가 많은 프라이드치킨 집을 알려주었다. 그녀가 말한 곳은 윌리메이스 스카치하우스Willie Mae's Scotch House와 두키체이스Dooky Chase's, 관광객은 물론 현지인도 사랑하는 전통의 치킨집이라고 한다.

"6학년이 끝나고 졸업식을 한 뒤 엄마가 저와 반 아이들을 두키체이스에 데리고 가 치킨 맛을 보여줬어요. 치킨이 어찌나 크고 맛있는지 아직도 그날의 맛이 생각날 정도죠. 그런데 신기한게 뭔지 아세요? 몇 년 뒤에 또 다 같이 두키체이스에 갔는데 주인 레아 체이스가 저희를 그때까지 기억하더라니까요."

치킨 맛뿐 아니라 주인 할머니 레아 체이스의 비범함으로 소문이 자자한 두키체이스, 나는 그곳에 가기로 했다.

크레올의 여왕이자 영혼, 레아 체이스

유년 시절 추억이 담긴 음식, 혹은 영혼을 채워주는 어머니의 음식 등을 우리는 '소울푸드'라고 부른다. 그런데 이 단어는 사실 아프리카와 남미, 유럽의 음식 문화가 혼합된 미국 남부 지방의 흑인 음식에서 기원한 것이다. 역사적으로 스페인과 프랑스의 식민지였고 여기에 아프리카의 흑인 노예가 이주하며 세계 어디에도 없는 독특한 문화를 발전시킨 뉴올리언스가 소울푸드의 근원지인 셈이다.

소울푸드는 정확하게는 크레올^{Creol}, 케이준^{Cajun}, 소울푸드^{Soul food}로 세분화되는데 소울푸드는 백인 가정에서 노예나 주방 하인으로 일하던 아프리칸 아메리칸과 아프리칸 노예의 음식 기술이 재료들과 합쳐져 탄생한 것을 가리킨다. 크레올은 섬세한 프랑스 음식의 영향을 받은 흑인의 음식으로, 흑백혼혈을 일컫기도 한다. 케이준은 캐나다 동부 아카디아 지역에서 이주한 프랑스 계통의 사람을 일컫는 말, 혹은 그 영향을 받은 음식으로 크레올에 비하면 농민의 영향을 받은 투박한 음식이 주다. 케이준치킨이나 케이준샐러드 등의 케이준을 생각하면 된다. 유럽 풍의 이국적인 건물과 흑인의 문화가 뒤섞인 뉴올리언스를 지나다 보면 이곳이 모든 문화가 모여 들끓는 용광로라는 말이 실감이 난다.

Yes, early in the morning
I know it's early in the morning
Early in the morning, yeah
I ain't got nothin' but the blues (blues)

I went to Dooky Chase's to get something to eat
The waitress looked at me and said,
"Ray, you sure look beat"

1961년 발매된 레이 찰스의 앨범 〈The Genius Sings the Blues〉에 수록된 〈Early Morning Blues〉에는 이른 아침 '두키체이스'에 가 무엇인가를 먹을 거라는 가사가 나온다. 블루스의 대부인 레이 찰스가 재즈의 고향인 뉴올리언스의 레스토랑을 언급하는 건 어색하지 않은데 두키체이스는 당시 흑인 정치인과 예술인의 사랑방 역할을 했기에 그 의미가 더 크다.

70년이 넘는 세월 동안 그 명성을 유지하며 뉴올리언스를 대표하는 레스토랑이 된 두키체이스는 크레올 요리의 여왕이라 불리는 레아 체이스를 빼놓고 설명할 수 없다. 1923년 뉴올리언

스의 흑백혼혈 부모 아래에서 태어난 레아 체이스는 레스토랑을 꾸리며 1960년대 흑인 인권운동에 참여해 아프리칸 아메리칸의 대모 역할을 했다. 아흔이 넘는 나이에 아직도 꼿꼿하게 주방을 진두지휘하고 있는 그녀를 만나러 두키체이스에 갔다.

이미 그곳은 전 세계에서 온 관광객으로 꽉 차 있었다. 1960년대 흑인 인권운동가의 집합소이자 마틴 루서 킹 주니어와 오바마 전 대통령 등 유명 인사가 방문한 역사의 현장에선 아직도 프라이드치킨과 검보가 날개 달린 듯 팔리고 있다. 백발에 쪼글쪼글한 손, 불편한 거동에도 여전히 날카로운 눈빛의 레아 체이스가 등장하자 레스토랑의 직원이 일동 긴장해 일사분란하게 움직인다.

"한국에서 오셨다고요? 영광이에요. 요즘 북한 정세는 어떤가요?"

아흔 살이 넘는 할머니가 첫 인사로 건네는 말이 범상치가 않다. 해외 촬영을 하며 많은 이들을 만나지만 사우스코리아에서 왔다고 하면 일본, 중국과 헷갈려 하거나 김치, 케이팝 아이돌, 가수 싸이 정도를 이야기하는 게 다였기에 북한의 정세를 물어보는 레아 체이스의 질문에 정신이 바짝 들었다. 나는 크레올 요리의 여왕에게 진정한 크레올 요리란 무엇인지 물었다.

"크레올은 스페인, 프랑스일 수도 있고 거기에 아프리카 문화가 많이 섞여 있죠. 부모님도 한 분은 백인 한 분은 흑인이에요. 저 또한 크레올인 셈이죠. 크레올이 남부 음식이라고 하지만 버지니아주, 애틀랜타, 미시시피주 같은 곳부터 루이지애나의 바톤루즈 등의 남부 지역과 뉴올리언스는 좀 달라요. 일반적인 남부 음식과는 구분되죠. 저희만의 특색이 있는데 가끔은 스스로도 정체성을 모를 때가 있을 정도라니까요. 크레올은 그냥 문화가 혼합된 거예요. 'You are what you eat'이라는 말이 있죠, 흥미로운 말이에요. 당신이 무엇을 먹는지 보면 당신이 어디서 왔는지 알 수 있어요. 우리를 보세요. 많은 게 혼합되어 있죠."

크레올의 대표 음식인 검보는 아프리카어로 '오크라'라는 뜻. 검보가 온 아프리카에서는 검보에 오크라가 반드시 들어가지만 뉴올리언스의 검보엔 오크라가 들어가지 않는다. 오크라 대신 미국 원주민인 인디언이 쓰던 사사프라스크라는 잎을 말려서 찧어 넣어 검보를 걸쭉하게 만든다. 이들이 먹는 음식엔 자신의 뿌리와 현재 살아가고 있는 문화 등 모든 것이 반영되어 있다.

"제가 한국에 간다면 김치를 크레올식으로 먹어보겠죠."

레아는 호수 건너편 작은 시골 마을에서 11명의 형제자매와 함께 가난하게 자랐다. 어린 시절부터 매일 양파와 딸기를 심고 농사일을 하며 스스로를 돌봐야 했다. 항상 먹을 게 부족했기 때문에 직접 농사짓는 것은 물론 고기도 사냥해 먹었다. 집 앞에서 키우는 돼지에게 매일 먹이를 주는 것도 그녀의 일이었는데 돼지가 잡아먹기 충분할 만큼 크면 가족은 돼지를 잡고 남은 지방을 보관해 겨우내 그것으로 요리했다.

"닭도 키웠어요. 당시에 닭고기만 한 맛도 없었죠. 치킨스튜, 치킨로스트, 별의별 닭고기 요리를 다 했어요. 사람들은 우리가 프라이드치킨만 먹고 사는 줄 아는데 뉴올리언스에는 굉장

히 다양한 요리가 있다니까요. 사람들은 아프리카계 미국인에게 채소를 먹으라고 조언하고는 하죠. 프라이드치킨만 먹는다고 생각하는 거지."

레아는 곧장 직원에게 멋진 채소 요리 한 접시를 가지고 오라고 시켰다. 쌀, 그레이비, 오크라, 스트링빈, 양파, 완두콩 등등 레아는 고기 없이도 돼지기름을 이용해 다양한 음식을 요리해 먹고 자랐다.

1939년 길 건너편에 그녀의 시어머니가 샌드위치 가게를 냈고 1946년 지금의 자리로 이사를 했다. 당시 흑인은 인종격리정책으로 백인이 가는 레스토랑이나 식당에 갈 수가 없어 대부분의 식사를 집에서 했는데 그래도 주말에는 놀러 나와 맥주를 마실 공간이 필요했고 그녀의 시어머니는 맥주와 함께 가볍게 먹을 수 있는 음식을 내기 시작했다. 집에서 일상적으로 먹는 메뉴인 생선튀김과 새우튀김 등, 당시 레아는 프랑스 지구에 있는 식당에서 일하며 요리하는 법을 배웠고 자신의 재능을 이용해 닭고기스튜와 검보 등 제대로 된 크레올 요리를 냈다.

노예들이 해방되며 흑인도 점차 직장을 갖기 시작했고 집에서 요리할 시간이 적어지며 식당에는 사람이 몰렸다. 가게 하나로 시작했던 두키체이스는 점점 크기를 늘려가다 결국 블록 전체를 사야 할 정도가 되었다. 그녀는 흑인도 허름한 가게가 아닌, 하얀 식탁보가 깔린 '제대로 된' 레스토랑에서 식사를 할 수 있어야 한다고 생각했다.

"우리는 가난했기 때문에 좋은 리넨 식탁보를 살 수 없었어요. 그래서 쌀이 담겨 오던 포대자루 가방을 씻어 염색하고 녹말을 섞어 다림질을 한 뒤 가장자리에 자수를 놓아 예쁘게 만들었어요. 그리고 그 식탁보를 깔았죠. 같은 음식을 먹어도 어떤 테이블 위에서 어떤 그릇으로 먹는지에 따라 기분이 달라져요. 사람들에게 내가 줄 수 있는 최고의 것을 대접해야 해요."

레아의 생각과 실천, 두키체이스라는 레스토랑 그 자체가 곧 흑인의 인권운동과 연결되었다. 이곳은 곧 마틴 루서 킹, 제임스 볼드윈, 제임스 파머 등 당시 인권운동을 위해 힘쓰던 자유의 기수들의 만남 장소가 되었다.

"제가 그들을 모두 먹였어요. 그들에게는 회의를 할 장소가 필요했는데 위층에 개인 방이 있거든요. 그곳에 올라가 시위를 계획하기도 하고 미팅을 하면 저희는 요리를 해줬죠. 그러면 그 요리를 먹고 나가서 시위를 하고 다시 돌아왔죠. 그러면 저는 또 요리를 해주고요."

당시만 해도 백인과 흑인이 한 레스토랑에서 밥을 먹는 것이 불법이었지만 두키체이스 개인 응접실에서는 그게 가능했다. 그들은 이곳에서 회의를 하고 갑론을박을 하고 정치적 도모를 했다.

"검보 한 대접, 프라이드치킨 한 접시만 주면 앉아서 대화를 하며 어떤 문제든 해결할 수 있었죠."

미국의 역사를 바꾸는 데 일조한 레스토랑은 곧 흑인의 민심을 살 수 있는 상징 같은 곳이 되었다. 부시와 클린턴, 오바마 전 대통령 등이 이곳에 와 밥을 먹고 사진을 찍고 갔다.

"전 세계의 대통령들에게 요리를 해줬어요. 저로서는 믿을 수 없는 일이죠. 보통 대통령은 고급 레스토랑에서 밥을 먹잖아요. 하지만 요즘 정치인은 사람들과 소통해야 한다는 걸 알죠. 표를 얻으려면 이곳에 와야 하는 거예요."

미국의 역사를 바꾼 레아의 프라이드치킨 맛은 어떨까? 그 비법을 묻자 레아는 특별할 건 아무것도 없다면서 주방으로 나를 데리고 갔다. 요리사는 닭고기의 지방을 떼어내며 손질한 뒤

파프리카파우더, 마늘가루, 소금, 후춧가루, 달걀을 혼합물에 넣고 섞어 흔든 뒤 냉장고에 넣었다. 이렇게 냉장고에서 12시간 재운 닭고기에 밀가루 약간을 묻혀 튀기면 전설의 프라이드치킨이 탄생한다. 모두가 최고로 꼽는 프라이드치킨치고는 방법이 꽤나 심플하다.

"튀기기 전에 밀가루 옷을 입은 표면이 완벽하게 건조되는 것이 중요해요. 그래야 바삭하게 튀겨지거든요. 이제 190도에서 15~17분간 튀겨요. 옛날에는 돼지기름에 튀겼는데 지금은 평범한 식용유에 튀기죠. 저는 튀겨지는 소리를 듣고 완벽하게 튀겨진 타이밍을 알 수 있어요."

튀김 요리를 주로 하는 주방이라고는 믿기지 않게 구석구석 깨끗하다. 레아 체이스의 꼬장꼬장한 눈빛이 닿아 있기 때문이다. 전설의 치킨은 별다른 비법이 아니라 좋은 재료, 전통적인 레시피, 만드는 이의 기술과 정성에서 탄생하는 것이다.

두키체이스 식당의 벽면은 온갖 그림 작품으로 꽉 차 있다. 레아는 1960년대 아프리카계 예술인이 주류 미술 사회에서 인정받지 못할 때 그들의 작품을 샀다. 배가 고픈 작가가 있다면 밥을 먹여주고 작품과 교환했다. 작품은 반드시 벽에 걸었는데 전시할 공간이 없던 그들에게는 이 레스토랑이 곧 전시장이자 기회였던 셈이다. 존 비거트같이 지금은 세계적으로 유명한 아티스트의 작품들도 있다. 아무도 그 작품을 몰라주었을 때 레아가 알아본 것이다.

"우리는 서로를 도와야 해요. 아무도 도와주지 않아요, 우리가 협력해야 하죠."

이후에도 레아 체이스는 지역 자선단체를 위한 모금은 물론 뉴올리언스를 넘어 미국 전역, 전 세계의 힘든 이들을 위해 봉사했다. 포트레인에 가서 노인과 노숙자를 위한 푸드뱅크를 열고 자연 재해를 입은 지역에 음식을 기부하고 디트로이트의 경제가 무너졌을 때는 그곳의 학생들이 대학에 갈 수 있도록 장학금을 모았다. 그렇게 평생에 걸쳐 다른 이들을 도왔기에 2005년 허리케인 카트리나가 두키체이스를 덮쳤을 때 사람들은 힘을 합쳐 레스토랑을 다시 세웠다. 레스토랑 전체가 침몰했던 것을 지역 공동체의 도움과 모금으로 2006년 다시 문을 열 수 있었던 것이다.

"저희가 바람을 멈추고 비를 멈출 수는 없어요. 하지만 우리가 할 수 있는 것을 해야죠. 힘든 이들이 어디에 있건 우리는 서로를 도와야 하죠. 지금 세상은 너무 망가졌어요. 세상은 언젠가 그 대가를 보게 되어 있어요."

이제는 지구온난화가 걱정이라는 레아 체이스, 그녀는 단순히 요리사가 아니라 행동하는 실천가라는 생각이 들었다. 그녀가 크레올의 여왕인 것은 요리가 일품이어서기도 하지만 어떤 문화와 역사를 대표하는, 대표할 만한 인물이기 때문이리라. '빈민가에 살아도 좋은 것을 좋은 레스토랑에서 먹어야 한다', 누구나 할 수 있지만 아무도 행동하지 않았던 그 하나의 생각을 거리낌 없이 실천한 레아 체이스는 그 자체로 혁명가다. '음식 하나가 세상을 구원할 수 있을까?' 누군가 질문을 해온다면 나는 그녀를 떠올리며 '그렇다'고 대답하리라.

　1000여 개가 넘는다는 전 세계 요리인류의 다양한 닭 요리 가운데 어떤 나라를 가도 공통적으로 인기를 끌고 있는 요리인 프라이드치킨. 그 뿌리를 찾아가는 여정은 노예제라는 탐욕과 잔혹의 기록을 되짚는 과정이었다. 플랜테이션의 노예들이 1년 가운데 고기를 먹어볼 수 있는 날은 얼마 없었다. 그래서 고기를 먹는 날을 아주 신나고 특별한 날이라는 뜻으로 '빅타임Big Time'이라고 불렀다.

　하지만 이들에게 주어진 고기는 백인 주인들은 먹지 않는 특수 부위일 경우가 많았다. 노예 요리사들은 백인이 먹지 않았던 닭 날개, 목, 닭발 같은 특수한 부위에 향신료를 듬뿍 바르고 튀김옷을 입힌 뒤 끓는 기름에 통째로 튀겼다. 당시 남부 지역에서 대량 생산되었던 라드, 돼지기름을 썼고 향신료는 아프리카 또는 캐리비안 산 진한 향기의 맵고 자극적인 것들을 사용했다. 치킨은 노예제의 아픈 역사를 담은 영혼의 음식, 소울푸드였다.

중국

CHINA

윈난성 산골에서 벌어진
한중 요리대결

　세계에서 가장 다양한 조리법과 요리, 재료를 가지고 있는 중국은 동북아시아에서 중앙아시아에 이르는 광대한 영토에 무려 56개 소수민족이 공존하는 다민족 국가로 각자의 개성을 지닌 다채로운 식문화가 발달했다. 유구한 역사와 넓은 영토, 다양한 기후 덕에 '거대한 미식의 대륙'이라는 별칭 또한 있는 중국은 닭 요리에 있어서도 별세계라고 할 수 있다. 세계에서 미국에 이어 두 번째로 닭을 많이 소비하는 나라기도 한 중국. 그 수많은 닭 요리 가운데 오래전 원형을 잘 간직하고 있는 윈난성의 닭 요리를 탐험해보기로 했다.

　소수민족 마을이 그대로 보존되어 있는 윈난성은 약칭하여 '뎬滇' 또는 '윈云'이라고 하며 남서쪽 변경, 미얀마, 라오스, 베트남과 인접해 있는 덥고 습한 지역이다. 400만 년 전부터 동방인東方人인 위안머우원인元谋原人이 살았으며, 187만 년 전에 이미 직립보행을 하던 위안머우인元谋人이 거주한 것으로 알려진 고대 인류의 요람지다. 또한 '식물의 왕국' 또는 '향신료의 고장' '약재의 보고' '천연의 화원' '동물의 왕국' 등의 다양한 별칭으로 불릴 만큼 식재료 자원의 종류가 무궁무진하며 옛 문화가 잘 보존된 만큼 토종 식재료와 전통 요리도 풍부하게 계승되고 있다.

해발 1500미터, 웬차우 씨의 산둥성이 토종닭 농장에서는 큼직한 닭이 풀밭을 자유롭게 뛰어다니며 야생에서 방목되고 있다. 윈난성의 특별한 토종닭의 별명은 '파오뿌지', 달리는 닭이라는 뜻으로 야생을 매일 뛰어다니니 그만큼 자유롭고 튼튼해 붙여진 이름이다. 한눈에 보기에도 벼슬이 새빨갛고 선명한 것이 털에서 윤기가 흐른다. 뛰어다녀서 그런지 다리가 굉장히 길고 근육이 발달해 일반 육계에 비해 날씬하다. 닭을 들어 살을 직접 만져보면 꼭 운동선수의 근육처럼 단단하다.

오늘날 흔히 먹는 닭의 조상으로 꼽히는 적색야계 종, 작은 덩치에 목 아래와 몸통 부분은 붉지만 꼬리로 갈수록 검은 깃털에 중국 남부와 말레이시아, 태국 등 동남아시아 지역의 야생 밀림에서 서식했다고 전해지는 그 원시의 닭에 대한 설명이 꼭이 윈난성의 토종닭을 닮았다. 적어도 가축화된 육계보다는 윈난성의 토종닭이 원시의 적색야계와 더 가까울 것이다. 사람에게 잡혀 완전히 가축화된 육계와는 달리 야생의 본성이 남아 있는 이곳의 닭들은 걷고 달릴 뿐 아니라 낮은 나무 정도는 훌쩍 날아올라 앉아 쉬기도 한다.

말만 방목이 아닌, 말 그대로 야생으로 크는 닭은 생후 140일에서 150일 정도 되면 팔려나간다. 보통 한국에서 먹는 닭이 생

후 4주 정도인 걸 생각하면 꽤나 오랜 삶을 살다가 가는 셈이다. 육질도 사료를 먹이며 우리에서 키워 부드러움을 살린 육계와는 달리 탄탄하고 쫄깃하며 특유의 감칠맛이 있다. 최근 중국 내에서도 좋은 먹거리와 미식에 대한 관심이 높아지며 이곳의 방목 토종닭도 매우 비싼 값에 팔리고 있다. 그래도 이런 깊은 산골에 촬영을 온 것이 신기한지 마을 사람들이 구경한다. 마을 이장님이 나서서 윈난성 토종닭의 뛰어남을 자랑하던 중 흥미로운 제안을 해왔다.

"우리 아버지가 이 동네에서 닭 요리에 일가견이 있어요. 윈난성 토종닭 맛의 진가를 보여드릴게요."

마을 주민과 촬영팀 모두 깜짝 이벤트가 벌어지는 것에 즐거워하며 닭 요리에 자신이 있다는 이장님 아버지의 댁으로 향했다. 때마침 이장님의 생일, 마을은 작은 흥분과 축제 분위기로 술렁인다. 대결 장소는 야외 화로다. 이장님의 아버지는 능숙한 솜씨로 무쇠 웍을 턱 걸어 올린다.

"저는 오늘 매콤하면서도 새콤한 마라지를 만들 거예요."

할아버지의 비장의 메뉴는 마라지, 즉 매콤한 마라 맛의 닭볶음이다. 중국에서는 재료를 소량의 기름으로 강한 불에서 짧은 시간 안에 볶는 요리를 차오차이炒菜라 하는데 이렇게 볶으면 가열 시간이 짧아 육즙이 빠지지 않고 재료 본연의 맛을 즐길 수 있다.

요리대결을 위해 갓 잡은 닭은 생후 160일. 성장촉진제 등을 맞지 않고 자연 그대로 160일 키운 닭치고는 크기가 그렇게 크지 않지만 살에 단단하게 맛이 들어차 있다.

웍에 기름을 두르고 고추를 볶아 매운 향을 내고 여기에 자른 닭고기와 산초, 생강채를 넣어 달달 볶아내는 할아버지는 나이가 무색할 정도로 빠른 손놀림이 예사롭지 않다. 요리를 하는 중에 갑자기 비가 쏟아져 주위에선 불 위에 우산을 받치는 등 부산했지만 정작 할아버지는 동요 없이 꿋꿋하다.

순식간에 완성된 한 접시, 할아버지의 닭 요리 한 점을 입에 넣자 토종닭 특유의 쫄깃쫄깃한 식감에 육질이 흐물흐물하지 않아 씹을수록 끊임없이 육즙이 흘러나와 정말 좋은 닭이구나 싶다. 빠르고 간단하게 완성되었지만 마라의 매운맛과 토종닭의 감칠맛이 한데 어우러져 훌륭한 조화를 이뤄내고 있다.

치킨인류

"한국의 닭 요리는 어떤 맛이요? 중국 것과 비슷한가요?"

이장님이 힐끗 나를 보더니 말을 던진다.

"아니요. 한국의 닭 요리는 중국과 다른 맛이 있어요. 사실 한국 튀긴 닭 요리가 요즘 세계적으로 인기를 끌고 있어요."

그러자 기다렸다는 듯이 이장님이 즉석 한중 요리대결을 제안한다. "오케이!" 자신만만하게 도전장을 받아들였지만 할아버지의 맛있는 윈난성 닭 요리를 맛보고 나니 살짝 부담스러웠다. 무엇보다 한국식 치킨을 단 한 번도 먹어본 적이 없다는 윈난성 산골 마을 사람들의 입에 맞을까?

하지만 이미 칼은 뽑았다. 닭고기에 소금과 후추로 밑간을 하고 달걀물, 튀김가루로 튀김옷을 입힌다. 웍에 기름을 듬뿍 붓고 바삭하게 튀기면 되는데 우리보다 훨씬 전부터 튀김 요리가 발달한 중국이다 보니 걱정이 앞선다. 사실 중국 사람들이 한국만큼 프라이드치킨에 열광하지 않는 이유도 이미 훌륭한 튀김 요리가 많기 때문 아닐까? 중국의 튀기는 조리법을 '자차이'라고 하는데 튀겨서 그 자체로 완성되는 요리보다 이걸 또 한 번 소스에 볶거나 찔 정도로 튀김 요리가 다양하게 발전한 곳이다.

이에 대항하는 한국식 프라이드치킨의 특징은 한 번 튀긴 것을 다시 한 번 튀겨 바삭함을 배하는 것, 두 번 튀겨 바삭해진 치킨을 한국식 양념치킨 소스에 버무린다. 마침 고추장을 가지고 있었기에 한국식 양념치킨을 만들 수 있었다.

"정말 바삭바삭해요, 소스가 달콤하고요. 케첩과 비슷한 맛이 나는데 달콤하면서 매콤하고 처음 먹어보는 맛이에요!"

한입씩 맛을 본 동네 주민이 입을 모아 칭찬을 한다. 괜히 칭찬을 해주는 게 아닌가 싶었는데 맛있다며 자꾸 집어 먹는다.

"우리는 새콤하면서도 매콤한 마라의 맛이 중심인데 한국은 달콤한 맛이 중심이네요. 우리의 맛과 다른데 정말 좋아요. 제가 몰랐던 조리법인데 앞으로 이렇게 해봐야겠어요."

이장님의 아버지도 맛을 보더니 칭찬을 아끼지 않는다. 역시 치킨은 여기서도 즐거운 음식, 즐거운 자리에 어울리고 또 흥겨운 분위기를 만들어주는 축제의 음식이었다.

"우리 동네에서도 닭 요리는 촌민이 모여 다 같이 먹으면서 즐기는 음식이에요."

음식에는 국경, 민족을 초월해 사람을 하나로 모으는 신비한 힘을 지니고 있다는 것을 중국 윈난성의 깊은 산속 마을에서 다시 한 번 느낄 수 있었다.

　　　　　치킨인류

치궈에 담긴
정신

중국에서도 닭은 신성하고 길한 존재다. 정월 초하룻날 대문에 그려 붙여 액운을 물리치는 상징이며 새벽을 열어 새로운 날을 알려주는 길한 동물이고, 귀한 손님 대접에 빠질 수 없는 식재료기도 하다. 다양한 민족만큼이나 다양한 닭 요리가 있는 중국이지만 그 가운데서도 윈난성의 대표 닭 요리인 '치궈지'는 그 명성이 드높다. 전통 도자기 '치궈起锅'에 '닭鷄'을 조리한다는 뜻의 치궈지. 나는 치궈지를 판매하는 레스토랑을 찾기 전 치궈지 요리의 핵심인 찜기 치궈를 만드는 공방을 찾았다.

치궈 공장의 대표 마청린 씨는 스무 살부터 공예 도자기 공장에서 일해 지금까지 45년, 일생을 치궈 만들기에 매진한 도예가다. 이제까지 만든 치궈만 해도 어림잡아 몇십 만 개는 될 것이라는 그는 아직도 치궈를 만드는 일이 즐겁고 보람차다고 말한다.

청나라 때부터 시작되어 1000년이 넘는 역사의 치궈는 재료가 되는 흙부터 특별하다. 철, 산화철이 풍부한 윈난성의 오색

토만을 전문 농가에서 배달받아 국가에서 검증한 뒤 다시 회사에서 성분별로 검사해 각 성분이 적합한 비율이 되도록 흙을 재배치하는 것. 그렇게 완벽한 비율을 맞춘 오색토를 또다시 곱게 갈아 펄프를 만들어 씻고 채를 쳐야 치귀를 만들 준비가 끝난다.

이들이 흙의 성분에 철저한 이유는 치귀에 적절하게 들어간 철과 산화철이 음식에 좋은 영양을 준다고 생각하기 때문이다. 철저한 검증을 통과했기에 흙에 독성이 전혀 없어 요리를 넣고 고온에서 쪄도 유해 물질이 나올 일 없이 안전한 것도 장점이다. 준비된 재료는 전문가들의 반죽과 물레질로 모양이 잡혀 고온의 불가마에서 굽고 말려지는데 이 과정이 끝난 뒤에도 잡질이 섞이거나 구멍이 나지 않았는지 검사하는 일을 열 번 정도 반복해야 윈난성의 전통 찜기인 치귀가 완성된다.

작품에 가까울 정도로 정성이 가득한 치귀의 핵심은 모양에 있다. 언뜻 보면 평범한 모양의 둥그런 냄비 같지만 가운데가 원통 기둥으로 뚫려 있어 음식을 수증기로 쪄주는 것. 치귀에 재료를 넣고 가열하기 시작하면 길쭉한 관으로 수증기가 모여 빠져나가고 이 빠져나간 수증기가 닫힌 뚜껑에 의해 다시 밑으로 내려와 재료가 그 증기로 익는다. 재료에서 수분이 손실되지 않고 그대로 모여 재료의 맛과 영양이 담긴 국물이 저절로 생긴다. 물을 따로 넣지 않아도 자체적으로 수분이 생긴다는 점에서 요즘 유행하는 저수분 냄비, 혹은 모로코의 냄비 '타진'을 떠올리게 한다. 물이 귀했던 사막을 떠도는 유목민이 발명한 타진은 고깔 모양 뚜껑에 재료의 수분이 맺혀 물방울로 흘러내리며 자작한 국물이 생기게 하는 것. 모로코의 타진을 이용한 요리 가운데 닭고기 타진이 가장 유명하듯 치궈를 이용한 요리 가운데는 치궈지가 으뜸이다.

치궈지는 청나라의 최전성기를 이룩한 6대 황제이자 중국 역사를 대표하는 미식가 건륭제가 극찬한 요리기도 하다. 미식가인 그는 윈난성을 시찰하러 갔다가 자신의 입맛을 만족시킬 한 그릇을 찾기 위해 천하제일 요리대회를 열었고 이때 시골에 사는 한 청년이 독특한 그릇에 닭과 부재료를 한데 담아 찜통에 쪄서 낸다. 그 음식이 바로 치궈지다. 건륭제는 치궈지의 맛에 어찌나 탄복했는지 요리사에게 벼슬까지 내렸고 그 뒤 치궈지는 윈난성을 대표하는 전설의 음식이 되었다. 치궈에 잘게 자른 닭과 파, 대추, 생강 등을 넣고 삼칠초나 동충하초, 당귀, 홍삼, 화삼, 복령같이 몸에 좋은 약재를 듬뿍 넣어 깊은 맛과 영양을 내는 치궈지는 단순한 조리법만큼이나 재료가 중요하다. 윈난성 사람들이 치궈지를 요리할 때 토종닭을 고집하는 이유다.

"토종닭은 옥수수나 곡물 등의 자연 사료를 먹여 야생에서 키운 것이라 맛은 물론 우리 몸에도 좋아요. 영양도 훌륭하고요. 오색토를 사용하기 때문에 좋은 재료에 좋은 성분이 한 번 더 배어들게 되죠. 치궈지는 양기를 보충해주는 음식이에요. 우리 공장에서 일하는 사람들이 건강하고 아름다운 이유도 다 치궈지를 많이 먹어서죠. 미용에도 좋아요."

닭에 삼칠초나 홍삼, 인삼 등 약재를 듬뿍 넣는 치궈지는 이들에게 단순히 맛을 위한 음식을 넘어 보양을 위한 약인 셈이다.

손님이 왔으니 그냥 돌려보낼 수 없다며 치궈 공장의 저녁 식탁이 마련되었다. 메뉴는 역시 치궈지 요리였다. 맑은 국물을 먼저 먹어보니 물을 따로 넣지 않아 신선한 토종닭의 풍미가 진하게 배어 있으면서도 풍부한 약재의 향이 채소와 어우러져 깊은 맛을 낸다. 재료 자체가 만들어낸 국물이니 이미 보약을 먹는 것만 같다. 잘 끓인 삼계탕이 생각나는 맛이다. 쫄깃쫄깃하면서도 야들야들한 닭고기를 먹고 있자니 마청린 씨가 닭 머리를 가리킨다.

"닭의 머리 쪽이 PD님을 향하고 있죠. 이건 손님을 존중한다는 뜻이에요. 그리고 귀한 손님에게는 꼭 머리를 대접하죠."

웃으며 닭의 머리를 건네는 그. 음식 다큐를 촬영하며 가장 곤혹스러운 순간 가운데 하나다. 이 세상의 온갖 음식을 먹어보았고 비위도 강하다고 생각했는데 눈과 벼슬, 부리가 그대로 있는 닭 머리를 보자 식은땀이 절로 난다. 그린란드에서 먹었던 물개 스튜의 악몽이 생각나 속이 매슥거리지만 귀한 손님이라면 반드시 먹어야 한다니 어쩔 도리가 없다. 눈을 마주치고는 도저히 못 먹겠어서 얼굴을 뒤로 돌리고 머리를 뜯는다. 얼굴을 찌푸리거나 싫은 티를 내면 그 나라의 식문화에 대한 모독으로 비칠까 싫은 티를 내면 안 된다. 무슨 맛인지 잘 모르겠고 기억도 안 나는 것이 다행이면 다행이랄까. 사람들의 시선을 피하고자 화제를 돌린다.

"윈난성 사람들은 평소에도 집에서 치궈지를 자주 먹나요?"

"맛도 좋고 영양가도 높으니 보양을 위해 자주 먹어요. 어른 아이 할 것 없이 모두가 좋아하는 요리죠. 치궈지뿐 아니라 치궈에 밥을 찌기도 하고 다양하게 활용해요."

공방 사람들에겐 치궈지가 어려서부터 즐겨 먹던 어머니의 음식이라고 한다. 식탁에 함께 한 몇몇 젊은이들에게 KFC의 프라이드치킨을 좋아하는지 물어보았다. 삼계탕처럼 담백한 맛의 치궈지보다는 기름지고 바삭한 프라이드치킨을 더 좋아할 것 같았는데 이들의 대답이 예상 밖이었다.

"그런 패스트푸드는 먹지 않아요. 건강에 좋지도 않고 맛도 별로예요. 치궈지가 훨씬 영양가도 높고 좋은 음식이죠."

실제로 원난성의 도시에서 미국식 프라이드치킨 체인점을 찾는 것은 의의로 쉽지 않다. 관광객이 몰린 거리를 벗어나면 번화한 시내에서도 보기가 어렵다. 고유의 식문화가 잘 보존되는 징조라면 다행이라 할 만하다. 자신의 전통과 식문화에 자부심을 갖고 공장 대표인 마청린 씨를 형, 오빠라고 부르며 한 가족처럼 지내는 치궈 공장 사람들, 그들은 치궈지처럼 담백하면서도 건강한 기운을 지니고 있었다.

깃털 빼고는
아무것도 버리지 않는다

미식의 천국 중국은 넓은 면적만큼이나 지역적 위치와 기후, 문화에 따라 식문화에 지역색이 강하게 드러나며 크게 베이징, 광둥, 상하이, 쓰촨 요리로 나뉜다.

베이징 요리는 수도인 베이징을 중심으로 남쪽으로는 산둥성山東省, 서쪽으로는 타이위안太原까지의 요리를 포함한다. 한랭한 기후로 기름기가 많은 고칼로리 튀김 요리와 볶음 요리가 발달했으며 궁중음식과 고급 요리, 면과 만두로도 유명하다.

상하이 요리는 중국 중부 지방의 대표 요리로 난징南京, 상하이上海, 양저우揚州, 쑤저우蘇州 등의 지역을 포함한다. 새우나 게 등 풍부한 해산물을 이용한 요리가 발달했으며, 간장과 설탕을 많이 사용해 맛이 진한 조리법이 특징이다.

그리고 한국에 퍼진 중국 요리의 대부분인 광둥 요리는 광저우廣州를 포함해 차오저우潮州, 동강東江 등 남부 지방의 요리다. 16세기부터 서구 세계와의 왕래가 활발했던 지역답게 전통요리에 서양 요리법이 결합된 독특한 조리법이 발달했다. 남부 연안

덕분에 어패류와 해산물을 이용한 요리가 유명하며 향기롭고 담백하며 달콤하고 부드럽고 미끈거리는 조리법이 세계적으로 유명해졌다.

쓰촨 요리는 중국 서부 지역의 요리를 대표하며 쓰촨四川을 중심으로 구이저우貴州 지방, 그리고 내가 간 윈난 지방의 요리를 말한다. 산악지대기 때문에 소금과 향신료를 듬뿍 넣어 건조한 저장식품이 발달했고 고춧가루, 후춧가루, 생강 등의 향신료를 애용해 맵고 얼얼하고 강한 향기를 내는 것이 특징이다. 최근 우리나라에서도 크게 인기를 끌고 있는 마라麻辣 요리도 쓰촨 지방의 것이다.

린안지우디엔 호텔의 임안주점临安酒店 레스토랑을 방문했을 때 요리사는 고리에 걸린 생닭에 양념을 뿌리고 있었다. 이것은 미쯔추이피지蜜汁脆皮鸡, 반짝거리는 바삭한 껍질에 속은 부드러운 로스트치킨의 일종이다. 윈난성에서는 여기에 밥을 더해 한 끼 식사로 먹고는 한다. 생닭의 배 속에 야채를 집어넣은 뒤 고리에 걸고 흰 식초, 저장성浙江省에서 나는 저장홍초, 꿀과 엿을 푼 소스를 껍질에 뿌려 고온의 불에 통으로 구우면 겉면이 바삭하면서도 달콤한 맛이 나 젊은이들에게 인기가 높다. 이 기술만 보아도 닭을 맛있게 조리하는 데 도가 튼 이들이라는 것을 알 수 있다.

나는 셰프에게 윈난성 닭 요리의 특징을 물었다.

"윈난성은 소수민족만 26개로 중국 안에서도 소수민족이 유독 밀집한 지역이에요, 그래서 한마디로 정의할 수가 없습니다.

각 민족마다 선호하는 닭 요리의 취향이 달라요. 다이족의 경우엔 매콤하고 새콤한 맛의 '다이맛 닭'을 즐기고 하니족은 '짠수이지'라는 자신만의 양념에 찍어 먹는 닭을 좋아해요. 윈난성 한족은 조금 더 대중적인 '라즈지'나 찜닭과 비슷한 '황먼지'처럼 맛이 강하고 매운 닭 요리를 즐기죠."

판매하는 메뉴만 해도 족히 100개는 넘어 보이는 이곳에서 파는 모든 닭 요리를 보여달라는 부탁을 했다.

"이건 마라로 만든 닭발이에요. 이건 꿀즙으로 절여 닭 전체를 구운 요리로 매콤한 맛도 나요. 윈난 사람들은 매운맛을 좋아하거든요."

요리에 고춧가루를 즐겨 쓸뿐더러 따로 뿌려 먹기도 한다며 고춧가루를 맛보여주는 레스토랑의 사장, 고춧가루의 맛이 마치 라면 수프처럼 입에 착 달라붙는다.

마라로 만든 닭발에 이어 마라 맛 닭똥집도 나온다. 마라는 저리고 매운 맛을 뜻하는데 덥고 습한 기후로 음식이 부패되는

것을 막기 위해 발전시킨 쓰촨 지방의 향신료다. 마라에 들어가는 향신료에는 화자오, 육두구, 정향, 팔각, 후추, 고추 등이 있는데 이 가운데 시추안페퍼, 화초라고도 불리는 화자오가 혀를 얼얼하게 하는 마라 맛의 핵심이다. 우리의 입에 달라붙는 매운맛과 달리 휘발성 강한 매운맛이 중독성이 있어 최근 국내에서도 마라탕, 마라샹궈, 마라룽샤 등이 인기를 끌며 돌풍이 일고 있다. 이곳의 마라 닭발과 마라 닭똥집도 한국에 들어가면 인기깨나 끌 맛이다.

이후에도 닭다리를 다져 고추와 볶아 만든 고추닭, 다진 닭가슴 살을 죽순으로 싼 모양이 폭죽과 비슷해 이름 붙은 요리, 닭 벼슬을 볶은 것 등이 줄줄이 나온다.

"닭 벼슬이 무슨 맛일까 했는데 오독오독하고 씹는 맛이 좋네요. 농장에서 본 토종닭의 벼슬이 유난히 선명하고 튼튼하던 게 생각나요."

"닭 벼슬 요리가 마음에 드신다면 이것도 드셔보세요."

닭의 꽁지 부분을 꼬치에 껴서 튀긴 요리다. 닭 꽁지는 굉장히 기름져 우리나라에서는 닭 손질할 때 제거하는 부위다. 일본 라멘집에서 육수에 꽁지를 넣어 그 기름으로 진한 풍미를 불어넣는 경우는 봤지만 이렇게 통으로 튀긴 것은 처음이다.

셰프가 알려준 대로 노란 닭기름이 뭉쳐 있는 뾰족한 부분을 떼어내고 먹자 마치 물렁뼈 같은 식감에 치킨이 지닌 고소함이 진하게 농축된 맛이다. 태어나서 처음 먹어보는 부위, 이들은 닭의 모든 부위를 먹는 듯하다.

"닭의 어떤 부위를 사용하는지가 아니라 어떤 부위를 사용하지 않는지를 물어봐야 할 것 같아요."

"닭에서 사용하지 않는 부위요? 깃털밖에 없어요. 깃털 빼고는 내장까지 다 사용하죠. 창자도 요리하는걸요. 모든 부위가 제각각 다른 맛과 영양을 가지고 있거든요."

닭 벼슬을 먹으면 피부가 촉촉해지는 효과가, 닭똥집은 소화에 좋고 기를 보충시켜주는 역할을 하며 닭 창자는 폐 건강과 변비에 좋다고 한다.

"이건 닭의 선지와 당면으로 만든 찜이에요. 닭의 선지는 몸에 쌓인 먼지를 없애주죠."

소나 돼지의 선지는 몰라도 닭의 선지는 처음이다. 짭잘하면서도 선지 특유의 신선하고 진한 맛이 살아 있다.

닭다리 살을 찢어 만든 무침은 태국의 소수민족인 다이족 스타일이다. 닭볶음탕과 비슷하게 생긴 요리는 취두부를 넣어 끓인 새콤매콤한 맛의 탕으로 여기에도 닭 창자가 들어간다. 닭가슴 살이 올라간 비빔쌀국수의 일종으로 매콤한 맛과 땅콩의 고소함이 더해진 요리는 한국인도 아주 좋아할 만한 맛이다. 닭껍질 튀김이 나오자 닭의 심장, 닭심줄까지 닭에서 뽑아낼 수 있는 모든 부위의 고기와 부속물이 지구상에 존재하는 조리법을 통해 테이블 위에 올라온 것만 같다. 이름을 주워 삼키기도 버거울 만큼 다양한 요리 앞에서 정신을 바짝 차린다.

"이건 닭날개 튀김인데 셰프의 야심작이니 꼭 드셔보세요, 마라 맛의 닭날개예요."

"역시 맛있어요, 완전히 맥주 안주인데요? 미국의 프라이드 치킨과 만드는 방식에 어떤 차이가 있나요?"

"KFC 같은 프랜차이즈에서는 생후 40~50일 된 육계를 써요. 여기에서는 방목해 키운 친환경 닭을 쓰고 1년을 키워 사양하죠. 그래서 고기의 맛 자체가 더 구수해요. 그리고 미국의 치킨은 튀김옷을 바삭하게 만드는데 기름을 많이 흡수해서 지방이 많으니 칼로리가 높아요."

때문에 이곳의 부모들은 아이들이 프라이드치킨 먹는 것을 좋아하지 않는다고 한다. 대신 집에서 직접 닭을 굽거나 치궈에 넣어 찌거나 하는 방식으로 먹는다.

"윈난의 26개 소수민족은 산에서 살아요. 교통이 불편해 외식을 한다거나 바깥 음식을 사다 먹을 일이 없죠. 그래서 1년 365일 부엌의 불이 꺼지는 일이 없어요."

원시사회에서 수렵한 동물을 불에 구워 먹던 것에서 시작해 몇천 년을 이어오며 발전시킨 이들만의 닭고기 조리법은 아직까지도 가정에서 지켜지고 있다. 어떤 곳에서는 토종 가마에 삶아 먹기도, 또 어떤 곳에서는 나뭇잎에 싸 굽기도 한다.

내가 이미 맛본 전통 요리 치궈지가 나온다. 산치라는 귀중한 약재가 들어갔다는 치궈지, 국물을 먼저 마셔야 한다며 권한다. 티베트 쪽의 충초, 복령, 그리고 윈난성 지역은 약재가 풍부해 찜 요리에 다양하게 사용한다.

"치궈는 닭의 영양 성분이 유실되지 않도록 즙과 영양을 그대로 담고 있죠. 다른 방법으로 만든 닭 요리와는 또 달라요. 토종닭을 쪄내서 신선하고 친환경적이고 그래서 사람 몸에 아주 좋죠."

윈난성을 대표하는 닭 요리이자 보양식 치궈지지만 담백한 맛이라 더 맵고 자극적인 맛을 좋아하는 소수민족의 경우에는 선호하지 않는 경우도 있다고 한다.

이어 요리사는 치궈지처럼 담백하고 몸에 좋은 닭탕을 내놓는다. 살코기와 콩팥, 당귀를 비롯해 여러 약재가 들어가 삼계탕과 비슷한 맛이 난다.

윈난성 사람도 몸이 허하거나 출산한 뒤, 영양 보충이 필요할 때는 닭으로 끓인 국물 요리를 많이 먹는다. 축제가 있을 때 닭고기가 빠지지 않는 점도 우리와 비슷하다. 이들은 다 같이 모여 축구를 보거나 맥주를 마실 때 닭똥집과 닭껍질 튀김을 즐겨 곁들인다고 한다. 월드컵 경기가 열리면 치킨집 전화에 불이 나는 우리나라가 떠오른다. 우리 조상이 귀한 손님이 오면 씨암닭을 잡아 대접했듯, 이들도 손님 상에는 닭고기를 빠뜨리지 않는다.

"젠수이建水에는 '닭고기가 없으면 한 상이라고 말할 수 없다'는 말도 있어요. 닭고기가 있어야 손님을 맞는 상차림에 체면이 선다는 말이죠."

이외에도 결혼이나 생일 등의 잔치에도 닭고기는 빠지지 않는다. 이처럼 손님을 대접할 때 고기를 빼면 쩨쩨하다는 통념이 있지만 윈난성의 일반적인 가정식은 한두 가지 채소 볶음에 국물, 밥이 주를 이룬다. 이곳에도 김치가 있는데 우리처럼 양념을 해 독에 담근 것이 아니라 소금에 절여 짠맛이 강해 고추를 더해 다른 재료와 볶아 먹는 것이 일반적이다.

"이건 닭고기 소시지와 김치를 볶은 거예요. 집에서 반찬으로 자주 먹는 음식이죠."

가지와 닭가슴 살을 함께 요리하거나 토마토소스에 버무린 양배추볶음 등도 반찬으로 흔히 먹는 음식이다. 냉장고에서 차게 보관하며 며칠을 먹을 수 있는 밑반찬 여러 가지와 밥을 먹는 우리와 달리 그 자리에서 만들어낸 반찬 한두 가지에 밥을 먹는 것이 다르다.

면 요리나 만두 등 밀가루 음식을 주식으로 하는 북쪽 지방과 달리 윈난성은 벼가 많아 밥을 기본으로 하는 문화로서, 대신 쌀로 만든 쌀국수를 아침으로 즐겨 먹는다. 윈난성의 특산품인 홍미로 만든 쌀국수, 빨간 쌀로 만든 이 국수는 식감이 쫄깃쫄깃한 것이 특징으로 탄력 없이 뚝뚝 끊어지는 일반 쌀국수 면과는 굉장히 다르다.

"이건 후추와 고추를 기름에 튀긴 뒤 그 기름을 닭고기에 부어 만드는 요리예요. 고추를 아주 듬뿍 넣죠."

이 외에도 닭다리볶음, 닭가슴 살을 잘라 달걀 흰자를 거품낸 반죽을 입혀 하얗고 폭신하게 튀겨낸 설화 닭고기 요리 등 그 종류가 무궁무진하다. 이렇게나 많은 요리를 준비해준 레스토랑의 사장과 셰프들에게 그저 고마운 마음뿐이다.

"윈난성 지역의 닭고기로 만든 요리는 오늘 다 먹어본 것 같아요. 정말 굉장한 경험이었습니다."

"아, 하니족의 음식과 식문화는 또 다를 거예요. 닭도 더 맛있고 고추도 아주 맵거든요."

치킨인류

산골짜기
하니족을 만나다

윈난의 다양한 식문화를 논할 때 빠질 수 없는 소수민족인 하니족. 티베트에서 이주해온 최초의 이민족이자 중국 정부가 인정한 56개 소수민족 가운데 하나인 하니족은 3000여 층에 달하는 세계 최대 규모의 계단식 논을 경작해 살아가는 것으로 널리 알려져 있다. 1300여 년 전, 윈난성의 높은 산악지대에 숨어들어와 살던 이들은 먹고살기 위해 인류 최초로 경사진 산비탈을 계단식으로 경작하는 법을 터득했고, 이들이 1000여 년이 넘는 시간 동안 만들어낸 다랑논은 어디에서도 볼 수 없는 장관을 선사한다.

윈난성 안에서도 홍허하니족이족자치주紅河哈尼族彝族自治州, 곧 하니족과 이족이 모여 사는 이 자치주는 해발고도 76~300미터의 높이에 따라 열대에서 아열대까지 다양한 기후가 분포한다. 이 아름답고 거대한 산지에 자리한 하니족 인구만 143만 명이다.

소수민족이라고 해 아주 작은 마을을 생각했던 나는 중국이 아닌 새로운 왕국에 온 기분이었다. 이들의 마을에 도착한 날은 산비탈을 따라 끝도 없이 내려가는 다랑논 사이로 안개가 자욱이 깔려 마치 〈반지의 제왕〉 같은 판타지 영화에 나올 것만 같은 모습이었다. 짚더미를 잔뜩 이고 계단을 내려오는 이들과 염소에게 풀을 먹이는 노인, 악기를 연주하고 있는 사람들과 버섯 모양의 집이 그런 분위기를 더한다.

　마을에 들어서자마자 나는 먼저 다랑논으로 향했다. 비탈을 따라 이어진 층층이 논에 찬 물을 거울 삼아 산과 하늘, 구름이 비치는 광경은 어디서도 볼 수 없는 장관이다. 한 개의 언덕에 1000에서 많게는 1만 묘에 이르는 밭, 하지만 하니족이 처음 쫓겨 산에 왔을 때 이곳은 나무와 수풀만 무성한 원시산림이었다. 초반에는 야생의 과일이나 열매를 먹고 야생동물을 잡는 등 수렵을 통해 생계를 유지했지만 곧 안정적인 삶을 위해서는 직접 농사를 지어야겠다고 생각한다. 원시림에서 야생 돼지가 땅을 파자 그곳에서 물이 나와 작은 웅덩이, 연못이 되고 그 연못 주위에서 야생의 벼이삭이 자라나는 것을 보고 하니족은 힌트를 얻는다. 이들은 수원이 풍부하고 지세가 상대적으로 완화된 곳에 계단밭을 개척하고 벼를 심는 기술을 터득한다. 때문에 이들에게 쌀은 매우 중요한 의미를 갖는다.

　"계단밭과 쌀이 없었다면 1000년이 넘는 시간 동안 우리 민족은 살아남을 수 없었을 거예요. 특히 이곳의 특산품인 빨간 쌀은 하늘에 있는 신과 땅에 있는 신이 우리에게 내려준 보물입니다."

계단밭에서 호미질을 하고 있는 마을 촌장을 찾았다. 여기서 나고 자라 평생을 농사를 지으며 지냈다는 그는 계단밭 농사의 고됨을 이야기한다. 가장 편평한 곳이라 해도 15도, 심한 곳은 75도에 달할 만큼 높은 경사에 도저히 기계 농사가 불가능한 상황, 때문에 현대 농업과는 동떨어진 전통적인 농사 방법을 고수해야 한다. 현대식 기계가 없는데 산골짜기 계단밭에 물은 어떻게 끌어오는지가 궁금하다.

"오랜 시간을 걸쳐 만들어진 수로로 산에서 자연적으로 물이 내려와요. 저수지는 따로 없지만 사시사철 물이 끊이지 않죠."

1000년의 시간을 내려오며 만들어진 복잡한 수로들이 마치 세포에 영양분을 공급하는 혈관처럼 이어져 있다. 이들의 다랑논은 자체로 하나의 생태계가 된, 인간과 자연이 창조해낸 경이로운 생명체인 셈이다. 1000년이 넘은 하니족의 농사기술 자체는 몸이 고되다 해도 충분히 훌륭하지만 문제는 생산량이다. 현대화된 대규모 농장에서 생산되는 작물과는 애초에 가격 경쟁이 되지 않기에 대부분 자급자족 수준에 멈추고, 그러다 보니 돈을 벌 구석이 마땅치 않다. 이들이 논에서 오리와 물고기를 함께 키우는 것도 생산성을 높여 농민의 수입 향상을 도모하기 위해서다. 고된 노동과 현대 사회에서는 턱없는 수입에도 이들은 자신의 전통을 포기하지 않는다.

"계단밭은 우리 민족이 1000년을 넘게 이어온 삶의 터전이자 생명이에요. 세계 어디에도 이렇게 자연과 사람이 합작해 만든 새로운 생태계는 없어요. 이 전통과 문화를 이어가야 한다는 것을 알아요. 우리가 하지 않으면 금방 이 계단밭은 유실되어버릴 거예요. 이를 위해서는 반드시 자연을 경배하고 존중하고 순응하며 살아야 하죠. 하니족은 '천인합일', 곧 하늘과 사람이 일체가 된다는 철학을 가지고 살고 있어요."

전통을 지키기 위해 자연에 순응해 사는 삶을 택한 이들, 다행히도 중국 정부는 하니족의 다랑논을 세계문화유산으로 지정해 얼마간의 지원 사업을 벌이고 있다. 계단밭과 함께 생존해온 하니족에게 이는 곧 터전이고 문화이며 정체성이다. 하지만 요즘 젊은이들은 고되고 돈이 되지 않는 농사일에서 벗어나고 싶

어 한다고 한다. 촌장의 두 아들도 도시에 나가 일을 하고 있지만 촌장은 언젠가는 다시 돌아와 자신의 밭을 이어받아 농사를 지을 거라 희망한다.

나는 미리 연락해둔 하니족의 한 가정을 방문했다. 가족이 사는 곳은 버섯을 닮아 '버섯의 집'이라고도 불리는 하니족의 전통가옥, 가족이 모이는 곳은 2층 생활공간이다. 하니족의 전통가옥은 1층은 소와 돼지를 키우는 우리, 2층은 침실과 거실, 주방 등이 있는 생활공간, 3층은 곡물을 저장할 수 있는 창고로 구성된다. 버섯 지붕의 아래인 3층이 가장 건조해 수확한 옥수수

등의 곡식을 저장하기 좋기 때문이다. 비가 많이 오며 따뜻하고 습한 이곳의 기후에 최적화된 집이다. 진흙과 목재로 만들어진 집은 창문이 크지 않아 내부는 약간 어두컴컴하지만 아늑하고 따뜻하다. 모닥불에 둘러앉은 할머니와 아빠, 엄마는 수확한 옥수수를 말리는 중이었고 어린 아이들은 1층에서 키우는 염소에게 먹이를 내려주고 있다.

"제 이름은 까우훼이, 동생은 루메이화예요."

귀여운 얼굴에 똘망똘망한 눈빛이 인상적인 소녀 까우훼이는 이제 열여섯 살, 학교에서 돌아오면 마냥 놀고 싶을 나이인데도 시종일관 부지런하게 부모와 할머니의 일을 돕는다. 이 평범한 하니족 가족이 오늘 보여줄 음식은 대나무에 닭고기를 넣어 요리하는 죽통지紫陶鷄, 할머니가 오늘의 요리를 담당한다.

"저 육과도 할머니가 만든 거예요."

찬장에 걸린 육포의 일종 육과蠟肉는 하니족의 전통 음식으로, 돼지고기나 소고기를 훈연해 이틀이나 사흘 정도 말려 만드는데 우리의 육포처럼 딱딱하다기보다는 말랑한 식감으로 고기 말랑이라고도 부른다.

죽통지 요리의 시작은 집 근처 대나무밭에서 대나무를 베는 것부터다. 아버지가 죽통을 잘라오자 이내 할머니와 아이들이 같이 죽통을 씻는다. 이번엔 아버지가 방목해 키우던 토종닭을 잡아 그 자리에서 해체한다. 아버지가 닭을 손질하는 동안 아이들은 견과류를 갈고 버섯의 흙을 털어낸다. 버섯도 산비탈에서 채집해 온 것으로 닭을 넣어 굽는 죽통부터 닭, 안에 들어가

는 야채까지 모든 것이 자급자족이다. 하니족의 음식이 특별한 이유는 이렇게 모두 직접 재배하거나 채집한 친환경 재료만을 사용하는 것에 있다. 농약과 화학비료를 치지 않고 농사를 짓는 계단밭에서 나는 채소와 고추, 콩과 풀을 먹여 키운 소와 돼지, 방목해 키운 닭이 이들의 식탁에 오른다. 옆에서 요리를 돕는 까우훼이의 손놀림이 능숙하다.

"아빠도 할머니에게 죽통지 만드는 법을 배웠어요. 저도 아빠에게 죽통지 만드는 법을 배워 어느 정도 할 수 있고요. 아빠가 평소에도 요리를 종종 해주는데 맛있어요."

설 명절이나 귀한 손님이 오는 등 특별한 날에나 먹는 죽통지지만 가끔씩 온 가족이 야외에 나가 불을 피우고 그 자리에서 죽통지를 먹기도 한다. 이들에겐 피크닉 바비큐가 산비탈의 죽통지인 셈이다.

할머니가 깨끗이 손질해 자른 닭에 양념과 견과류를 뿌리고 버섯을 넣어 함께 버무린 뒤 죽통에 넣는다. 댓잎도 찢어 넣어 향을 더한다. 닭 머리와 닭발도 버리지 않고 넣는다. 재료를 다 넣은 할머니는 모닥불에 바람을 후후 불어 불을 강하게 지피고 죽통을 얹은 뒤 돌려가며 익힌다. 죽통지가 익는 사이 생선을 굽고 밥을 짓는다.

농경사회인 하니족의 주요 생산 작물은 쌀과 옥수수, 면화 및 찻잎이다. 이들은 쌀을 주식으로, 옥수수와 메밀 등의 잡곡을 부식으로 먹는다. 밥, 반찬을 기본 식사로 하는데 채소 품종이 다양해 채소 반찬을 즐기며 절임유도 발달했다. 하니족이 좋아하는 맛은 새콤하면서도 매콤한 맛으로 특히 이들은 매운 고추를 좋아해 요리에 다양하게 활용한다. 담백한 맛의 한족 요리에 비하면 맛을 진하게 내는 편이다.

"고수와 감자, 달걀을 많이 먹어요. 다진 고기와 콜라비를 함께 볶은 요리나 완두콩 요리, 가지볶음, 감자볶음, 고기볶음, 달걀부추전 등이 자주 먹는 반찬이에요."

이들에게도 고추로 만든 장이 있는데 이 고추장으로 다양한 소스를 만들어 먹기도 하고 식탁에 올려 그냥 찍어 먹기도 한다. 죽통 닭이 다 익고 생선구이, 채소볶음, 밥이 한데 상에 차려진다. 입맛을 다시며 닭고기를 먹으려고 하는데 까오훼이가 닭의 머리를 건넨다. 치궈지 공장에서 만난 이들처럼 하니족 또

한 닭 머리를 주는 것이 귀빈에게 존경을 표하기 위한 전통이라고 한다. 벌써 두 번째, 아직도 닭의 머리를 통째로 먹는 일은 힘들다. 대충 먹는 척을 하고 닭의 살코기를 집어 먹는데 그 질감이 매우 부드럽고 대나무 향이 확 올라와 보기보다도 훨씬 맛있다. 닭고기의 맛이 신선하면서도 구수하다. 이들에게 닭은 설에 먹는 특별하고 귀한 재료인 것을 알기에 고마움이 더하다.

"닭은 가족의 단결과 행복을 상징해요. 그래서 명절에 잡아먹는 거죠. 1년 정도 키워 먹는 것이 보통이에요."

함께 올라온 생선도 손님에게나 주는 귀한 재료, 이들이 평소에 먹는 음식은 아니다. 이 생선은 논에서 직접 잡은 것으로 하니족은 벼농사를 짓는 밭에 오리와 생선을 함께 키운다.

"여기 닭발도 들어 있네요, 이곳에서도 닭발을 즐겨 먹나요?"

"좋아해요. 노인들은 닭발로 점을 치기도 해요. 내일 날씨가 어떨지 일이 잘 풀리지, 그런 것을 예언하죠. 그리고 요즘엔 시장에 저렴한 가격에 많이 유통되어 더 흔한 요리가 되었어요."

죽통지 외에도 하니족은 여러 방법으로 닭고기를 조리해 먹는다. 물에 씻어 깨끗한 샘물로 삶아 하니족만의 양념간장을 찍어 먹는 칭탕지, 100번 칼질해 만든 닭이라는 뜻으로 가마에 삶은 닭을 칼로 잘게 썰어 양념간장에 찍어 먹는 바이자닭, 닭에 생강과 후추, 고추, 술 등을 추가해 노란색으로 쪄내는 황먼지 등도 자주 먹고, 닭고기에 양념을 발라 불에 직화로 구운 닭도 인기 있다. 닭고기와 고추를 매콤하게 볶아내는 라즈지도 빼먹을 수 없다.

하니족에게 닭은 1300년 전 이주할 때부터 동고동락한 고마운 가축이자 귀한 식재료다. 그래서 이들이 닭고기를 요리해준다는 것은 손님에 대한 큰 존중이다. 오랜만에 먹는 닭고기가 맛있는지 신나게 고기를 먹는 아이들, 이곳을 벗어난 적이 없어 식당에서 파는 프라이드치킨을 먹어본 적이 없다고 한다. 가족을 위해 요리를 하는 것이 기쁘다는 까오훼이, 반짝이는 눈망울에 묻는 질문에 척척 답을 하는 것이 참으로 영리해 보였다. 까오훼이 가족과의 식사는 내내 따뜻한 분위기 속에 이어졌다.

세계문화유산으로 지정된 이후 무분별한 관광 개발로 훼손되고 있는 느낌이 들었던 하니족의 촌락들. 하니족의 젊은이가 하나둘씩 도시로 떠나고 있다. 윈난의 다락논 마을도 윈난성의 다른 촌락들과 마찬가지로 젊은 인구들은 도시로 떠나고 노인과 어린이만이 남아 있는 집들이 많아 보였다. 까오훼이의 꿈도 더 넓은 세상으로 이어져 있었다.

"선생님이 되는 것이 꿈이에요. 선생님이 되어 이곳의 아이들이 바깥 세상에 나가 살 수 있도록 도와주고 싶어요. 그리고 도시에서 돈을 잘 벌어 엄마 아빠와 할머니, 동생을 돌볼 거예요. 계속 이렇게 가난하게 살고 싶지는 않거든요."

음식 문화도 건축 양식, 의복 형태, 또는 언어 풍습 같은 문화 요소처럼 그것을 지탱하던 공동체가 사라지면 서서히 소멸의 과정을 거치게 된다. 까오훼이도 몇 년 뒤 교사의 꿈을 이루기 위해 마을을 떠나 도회지로 갈 것이다. 시간이 흘러 더 이상 죽통계의 레시피를 배울 사람도, 또 가르칠 사람도 사라지는 때가 오게 되면 하니족의 닭 요리는 관광 레스토랑에서만 맛볼 수 있는 요리가 될 것이다. 외식업과 식품기업의 제품이 밥상을 차지하면서 어릴 적 맛보았던 할머니와 어머니의 레시피가 잊혀짐을 안타까워하는 우리처럼, 훗날 까오훼이도 아버지가 해주셨던 죽통계의 맛을 그리워할지 모르겠다.

버릴 것이 하나 없는 닭,
더 알면 더 맛있다

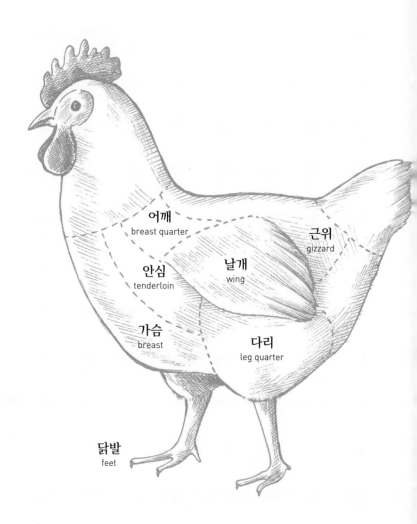

가슴

단백질이 풍부하고 지방이 적어 영양 간식에 적합하다.
다이어트 식단으로 각광받으며 튀김, 볶음, 조림으로 쓴다.

안심

가슴살 안쪽의 고기로 단백질이 풍부하고 지방이
거의 없어 육회나 육개장 등에 이용한다.

날개

가슴에 비해 살이 적으나 팩틴이 풍부하고 콜라겐이 다량 함유되어
있다. 담백하고 부드러워 조림이나 볶음, 특히 튀김에 많이 이용된다.

어깨

일명 '닭봉'은 날개를 두 부분으로 나눈 것으로 칼등으로 살만 발라
모양을 잡아주어 만든다. 단독으로 특별한 음식이 된다.

다리

움직임이 많아 탄력적이며 육질이 단단하다. 필수 아미노산이
풍부해 튀김 및 볶음 및 조리, 구이에 이용한다.

닭발

얇은 연골 형태로 껍질은 콜라겐이 포함돼 쫀득쫀득하다.
선홍색을 띠며 눌렀을 때 탄력이 있는 것을 골라야 한다.

근위

근육으로 된 위로, 일명 '닭똥집'. 이빨이 없는 조류들이 삼킨
모래나 잔돌을 채워 먹은 곡식을 부수는 역할을 한다.

요리하는 인류에게 또 다른 날개를!

지금 이곳의 닭을 말하다

일본

JAPAN

　맥주와 함께 즐기는 야키토리와 가라아게, 대중적인 한 끼 식사 오야코동에서 닭 사시미까지, 일본은 우리만큼이나 닭고기를 좋아하고 다양한 방법으로 즐긴다. 하지만 일본이 닭고기를 본격적으로 먹기 시작한 것은 불과 150여 년밖에 되지 않는다.

　서기 675년 독실한 불교 신자였던 일본의 텐무왕이 '소, 말, 개, 돼지, 원숭이, 닭 등의 육식을 금지한다'는 칙서를 반포한 뒤 무려 1200년 동안 육식을 하지 않았기 때문이다. 메이지유신 이후 육식을 권장하게 되고 제2차 세계대전이 끝나고 육계가 수입되기 시작하면서 놀랄 만큼 발전한 일본의 닭 요리, 하지만 그전에도 여느 동양 국가와 마찬가지로 닭은 일본인에게도 친숙한 동물이자 종교적 상징이었다.

　7세기경 일본에는 신도神道의 위대한 태양 여신인 아마테라스 오미카미에를 위한 사원에서도 신성성이 있다고 믿는 흰닭을 키운다. 닭이 동굴 속에 숨은 오미카미에를 밖으로 꺼낼 수 있는 유일한 동물로 여겨졌기 때문이다. 지방에서는 이 태양 여

신을 모시는 것이 아직까지 이어지는 신사들이 있다. 이는 일본에서 닭이 신물神物 또는 신의 사자로서 신앙의 대상이 되고 있음을 보여준다.

이소노카미 신궁은 후루산의 서북쪽 기슭에 있는 일본에서 가장 오래된 신사 가운데 하나로 무가의 우두머리인 모노노베物部의 조상신을 모시며 건강장수, 질병회복, 제재초복재난을 피하고 복을 부른다, 만사성취의 수호신으로서 신앙되고 있다. 국보도 간직하고 있는 이소노카미 신궁이지만 이곳에서 가장 인기 있는 것은 다름 아닌 닭이다. 천연기념물인 '나가나키토리長鳴鷄'의 일종인 토텐코東天紅와 오골계 등 희귀한 닭이 경내 곳곳을 돌아다니고 있다. 토텐코는 낮은 나무 가지 정도는 훌쩍 날아오를 정도로 기운으로 보나 부리부리한 눈망울에 윤기가 자르르 흐르는 깃털까지 위엄 넘치는 아름다운 자태를 가진 닭이다.

신궁에서 이렇게 닭을 키우는 이유는 '신의 사자'로서 숭상하기 때문인데 새벽에 울어 때를 알리는 닭의 습성 덕에 일본에서는 옛날부터 닭을 어둠을 쫓고 빛을 부르는 존재로 신성시했다. 귀한 취급을 받는 닭이다 보니 사료 또한 질 좋은 현미나 채소 등으로 신경을 쓰는데 해마다 가을 햅쌀 수확이 끝나면 신도들이 닭의 사료로 써달라며 새 현미를 가지고 온다고 한다.

신도와 닭의 관계를 살펴보기 위해서 또 가봐야 할 장소가 있다. 교토의 후시미 이나리 신사다. 천년고도의 도시 교토, 신사의 나라 일본에서도 손꼽히는 곳이다. 후시미 이나리 앞에 당도하자 끝도 없이 이어진 붉은색 문이 우리를 맞았다. '팔백만신'이라는 말이 있을 정도로 다양한 신을 모시는 나라 일본에서는 대부분의 사람들이 일본의 토착 종교인 신도를 믿는데 자연이 깃든 돌멩이부터 죽은 사람까지 그 다양한 신을 모시는 것이 신사다. 농업과 상업을 관장해 사람들이 번영을 기원할 때 찾는 이나리 신을 모시는 신사가 일본 전역에 4만여 개, 그 가운데서도 후시미 이나리 신사는 이나리 신사의 총본산으로 1300년 전부터 일본인의 순례길이 되고 있다.

후시미 이나리 신사가 유명한 이유는 또 있는데 끝도 없이 이어진 붉은색의 문, '센본토리이千本鳥居' 때문이다. 1000개의 토리이鳥居라는 뜻이다. 토리이는 신사의 입구 역할을 하는 기둥을 가리킨다. 우리가 지나친 줄줄이 이어진 붉은색 기둥이자 문하나하나가 바로 그것이다. 후시미 이나리 신사는 그 수가 1만여 개에 이르러 그 안을 걷다보면 붉은 터널을 지나 신의 세계로 들어가는 듯한 착각을 불러일으킨다. 신과 인간의 영역을 구분 짓는 경계, 토리이의 뜻은 '토리이루' 즉, 통과해서 들어간다는 뜻에서 왔다는 설과 신의 전령이었던 '새가 머무는 자리'라는 설이 있다.

수많은 새들 가운데 닭이 신의 영역으로 인간을 안내하는 전령으로 여겨진 이유는 아마도 인간에게 가장 친근한 조류이면서 근면함과 길조를 상징했기 때문이었을 것이다.

닭을 신성한 존재로 믿는 일본인의 문화는 마쓰리 축제 행렬에서도 찾아볼 수 있다. 마을신에 대한 경외심과 감사하는 마

음, 기원을 담아 치르는 흥겨운 종교 의식이자 축제인 마쓰리는 각 지역별, 종류별로 다양한데 특히나 교토에서 열리는 기온마쓰리는 교토 3대 축제이자 일본 3대 축제의 하나로 그 규모가 크기로 유명하다. 같은 동네에 사는 주민이라는 연대감이나 소속감이 사라진 파편화된 현대 도시, 마쓰리는 그런 현대 도시에서도 전통적인 개념의 연대감을 느낄 수 있는 행사다.

큰 마쓰리는 대기업에서도 후원을 하지만, 마쓰리를 운영하고 운영비를 대는 것은 전통적으로 지역 신사와 가업을 이어가며 상업을 하는 동네 유지들이다. 이들은 마쓰리를 통해 동네 커뮤니티를 유지하고 연대감을 쌓아간다. 빌딩 숲 사이에서도 오래도록 쌓아온 끈끈함을 느끼게 하는 마쓰리는 일본 사회를 읽는 하나의 큰 줄기가 된다.

마쓰리의 하이라이트는 호사스럽게 장식된 가마를 이고 지나가는 가마 행렬인데 이 행렬에 쓰이는 가마 역시 대를 이어 물려지는 것으로 하나하나 공을 들여 호화롭게 꾸민다. 가마 꼭대기에 새 모양의 조형물이 올라가는데 뾰족한 부리에 화려하고 긴 꽁지, 어찌 봐도 수탉이다. 하지만 일본인에게 가마 위에 있는 것이 무엇이냐고 물으면 닭이 아니라 '훼닉쿠스', 곧 피닉스 phoenix라는 답이 돌아온다. 불사조, 죽지 않는 전설 속의 동물. 일본인은 영원함을 상징하는 환상 속의 새를 수탉과 이렇게도 비슷한 모양으로 그려냈다. 일본 지역사회의 핵심이라 할 수 있는 마쓰리, 그 축제의 상징인 호사스러운 가마 꼭대기에 올라간 수탉, 일본이 1200년 동안 고기를 먹지 않던 시절에도 닭은 여전히 이들에게 가장 친근하고 상서로운 동물이었다.

닭 미식의 정점,
버드랜드

일본의 밤거리를 걷다보면 골목 어디선가 매캐한 연기와 함께 숯향 짙은 구이의 냄새가 침샘을 자극한다. 일본의 직장인이 퇴근 뒤 맥주 한 잔과 함께 즐기는 야키토리는 제2차 세계대전 이후 모두들 가난하던 시기에 내다버린 고기의 내장을 꼬치에 끼워 굽던 모쓰야키에서 발전된 것으로 일본을 대표하는 닭 요리다.

직장인의 피곤함을 씻어주는 최고의 안주이자 길거리 음식인 야키토리는 이제 파인다이닝 레스토랑의 메뉴로 당당히 자리잡아가고 있다. 야키토리를 미식의 정점에 끌어올렸다고 평가받는 야키토리 전문점 '버드랜드Bird Land'를 찾았다. 버드랜드는 야키토리로 미슐랭 스타를 받은 일본 최초의 야키토리 식당이기도 한데 미슐랭 레스토랑이라고 하면 보통은 번듯한 건물의, 화려한 인테리어를 상상하지만 이곳은 평범한 건물 지하 아케이드에 위치해 있다. 일본의 경우, 최고의 가게로 평가받는 곳들이 의외로 허름한 지하 아케이드에 있는 것을 왕왕 볼 수 있는

치킨인류

데 그만큼 겉치레보다는 장인정신을 높게 치기 때문이리라.

문을 열고 업장에 들어가자 ㄷ자 모양의 다찌 한가운데 서 있던 단단한 인상의 한 요리사가 반갑게 인사를 한다. 버드랜드의 주인장 와다 셰프다. 미리 인터뷰 요청을 한지라 업장은 오늘 하루 전체 휴무다. 그런데 와다 셰프를 포함 주방에서 일하는 요리사 전부가 출근해 있다. 완벽한 상태로 촬영팀을 맞는 모습에서 느껴지는 프로다움, 요리를 준비하며 다찌 한가운데에서 주방을 진두지휘하는 와다 셰프는 마치 영화 〈스타트랙〉 조종실에 선 선장 같았다. 가게 크기는 생각보다 작았는데 큰 ㄷ자 다찌가 좌석의 전부였다. 와다 셰프는 자신의 눈이 갈 수 있는 선까지만 좌석을 만든다는 철칙을 갖고 있는데 이는 가게에 오는 모든 이에게 완벽한 야키토리를 완벽한 타이밍에 주기 위해서다.

"야키토리는 타이밍이 중요해요. 2~3초만 불 위에 더 있어도 완벽한 타이밍이 지나기 때문에 항상 주시하고 있어야 해요. 손님들 한 명 한 명을 보며 먹는 속도를 계산해 완벽한 타이밍에 내야 하죠. 딱 맞는 때 내면, 따뜻할 때 먹을 수 있으니까 최고로 맛있게 먹을 수 있죠."

특히나 덩어리가 작아 짧은 시간 안에 승부가 나는 야키토리. 와다 셰프는 주방에 선 내내 모든 손님의 먹는 속도를 계산하고 또 눈앞에서 익어가는 고기의 타이밍을 주시하며 온몸의 신경을 곤두세운 채 일한다. 오늘은 특별히 나만을 위해 야키토리를 굽는다고 하니 영광이 아닐 수 없었다.

"여기 와사비야키입니다. 무네니쿠胸肉닭가슴 살로 만든 것이죠. 보통 다른 가게에서는 사사미닭가슴 살 필레로 만드는데 무네니쿠는 운동을 하는 부위기 때문에 사사미보다 맛이 진합니다. 일본에서는 연한 사사미를 더 좋아하고 무네니쿠는 그닥 인기가 없어요. 하지만 정말 맛있는 부위기 때문에 저는 무네니쿠를 고집합니다."

사사미는 무네니쿠에 인접한 부위로 무네니쿠와 마찬가지로 지방질이 적으며 담백한 맛이 난다. 조릿대잎과 같은 모양을 하고 있기 때문에 '사사미'라는 이름이 붙었다고 한다. 금방 구운 무네니쿠는 쫄깃하면서도 진한 감칠맛이 있어 이제까지 먹던 닭고기는 무엇이었나 싶다.

와다 셰프는 숯불을 조절하며 그다음 꼬치를 굽는다. 꼬치를 주시하다가 딱 한 번 뒤집는다.

"생선을 구울 때도 딱 한 번만 뒤집잖아요? 몇 번이고 뒤집으면 맛있는 즙이 다 빠져버리니까요. 야키토리도 마찬가지예요. 많이 뒤집지 않는 편이 맛있어요. 그리고 어떤 고기든 최초로 뒤집어줄 때 타이밍이 가장 중요해요."

그다음 와다 셰프가 건네준 부위는 목이다. 목의 껍질과 목살이 번갈아 꼬치에 끼워져 있다. 겉면은 구웠지만 뒷면은 거의 굽지 않아 숯과 지방이 만난 불향과 재료의 맛이 동시에 입안에서 피어오른다. 살짝 뿌려진 산초가루가 느끼하지 않게 입맛을 돋운다.

"이거 정말 맛있는데요, 맛있는 음식 진심으로 감사합니다."

　진심에서 감탄이 절로 흘러나오는 맛이다. 와다 셰프는 먹는 속도에 맞춰 간과 심장 등 다양한 부위를 차례로 내준다. 부위에 따라 타라곤을 넣어 담근 일본 식초를 쓰기도 하고 발사믹이나 흑후추를 뿌려내기도 한다. 보통 야키토리는 소금이냐 소스_{타래}냐 둘 가운데 하나인데 와다 셰프는 부위에 따라 맛을 끌어올리기 위해 다양한 향신료를 활용하는 편이다. 물론 고기 본연의 맛을 헤치지 않는 선에서 은은하게 사용하는 것이 포인트다.

입안에서 부드럽게 녹아내리는 진한 풍미의 간, 고소한 맛의 껍질, 작은 덩이 하나하나가 놀랄 만큼 다른 맛을 낸다. 다양한 부위의 고기를 작은 덩이로 썰어 부위마다 굽는 시간과 굽는 법을 달리해 만드는 것이 야키토리의 특징이다. 인도네시아에서 먹었던 사테도 작은 덩이로 꼬치에 꿰어 양념을 발라 숯불에 굽지만 동일한 소스, 동일한 굽기로 부위별 차이는 못 느꼈기에 야키토리는 이와 완전히 다른 음식으로 느껴진다. 닭이 가지고 있는 모든 맛을, 최고 상태로 즐길 수 있다는 이 점 때문에 야키토리는 서민의 음식에서 미식의 정점에 섰다.

"다양한 부위를 다양한 방식으로 조리해서 낸다는 점이 일본 요리에서 한 생선의 여러 부위를 회로 만들거나 굽거나 조림으로 다르게 활용한다는 감각과 닮아 있어요. 생선을 살 때 한 마리를 통째로 사지 않으면 좋은 생선을 살 수 없죠. 닭도 좋은 닭을 사기 위해서는 한 마리를 통째로 사야 합니다. 그리고 통째로 샀으니 전부 다 활용하는 거죠."

다양한 맛을 지니고 있는 닭 한 마리를 통째로 사 해체한 뒤 그 모든 맛을 즐길 수 있는 것이 바로 야키토리의 매력, 작은 한 덩이 한 덩이에 옹골차게 들어간 개성이 육식 조리의 정점에 서 있는 듯하다. 이렇게 한 마리 닭에 100가지 부위와 100가지의 맛이 있다는 것, 이 맛 하나하나를 끌어올리려는 노력이 바로 미식의 핵심 아닐까?

"여기는 스나기모입니다. 심장과 마찬가지로 타라곤 식초를 조금 바르고 소금, 후추를 뿌렸습니다."

닭모래집은 이제까지 내가 먹던 닭모래집과 식감부터 달랐다. 사각하고 씹히며 들어가지만 부드러운 질감에 완전히 다른 부위 같다.

"닭모래집은 딱딱하다는 이미지가 있을 텐데요. 딱딱한 건 사실 겉껍질뿐이에요. 저희 가게에서는 껍질 부분을 전부 벗겨서 사각사각하지만 부드러운 질감을 내요."

재료 하나하나를 연구하는 와다 셰프. 야키토리를 내는 순서도 담백한 맛에서 진한 맛으로, 부드러운 질감과 씹히는 질감을 중간중간 섞어 전체 흐름에 리듬감을 준다. 야키토리를 굽는 숯은 기슈비장탄紀州備長炭으로 초보자는 온도를 올리기 까다롭다. 와다 셰프는 노련한 솜씨로 숯을 고온으로 올리는데, 이렇게 된 기슈비장탄은 재료의 겉면은 태우지 않으면서 속을 부드럽게 익힐 수 있다.

다음 부위는 와다 셰프가 가장 좋아하는 부위라는 '소리레스Sot-l'y-laisse'다. 버드랜드에서는 '소리'라고 부르는 부위로 영어로는 치킨 오이스터, 또는 오이스터미라고 부른다. 프랑스어 소리레스의 뜻은 '바보는 그것을 남긴다'는 의미, 그만큼 맛이 좋은데 닭다리 대퇴부 바깥에 붙어 있는 살로 닭 몸통 가운데 가장 많이 움직이는 부위이기에 닭고기라고는 생각하기 어려울 정도로 탄력과 감칠맛이 뛰어나다. 닭 한 마리당 딱 두 개만 나오기에 더 귀하다. 그래서 프랑스에서는 단골손님에게 "오늘은 어떤 분에게 소리레스를 드릴까요" 묻는다고 한다. 마치 일본에서 도미를 구울 때 볼살을 누가 먹을지 정하는 것처럼 말이다.

닭고기가 아닌 다른 고기라고 생각되는 소리레스 부위뿐 아니라 와다 셰프가 맛보여주는 야키토리의 맛은 그 부위별로 맛 하나하나가 진하고 쫄깃하거나 부드럽거나 사각거리거나 쫀득하거나 각각의 특징을 잘 드러내고 있다. 백색육의 무색무취 특징 때문일까, 닭은 독특한 풍미가 딱히 없는 '맛의 백색 캔버스'라고도 불린다. 하지만 와다 셰프의 야키토리를 앞에 두고 있으니 텅 빈 캔버스가 아니라 구석구석 자기 색채와 터치가 응축된 꽉 찬 그림을 보는 느낌이 들었다.

와다 셰프의 야키토리를 다른 레벨로 끌어올리는 또 다른 중요한 요소는 닭고기 품종이다. 와다 셰프는 지방에서 키우는 근육질의 토종닭, 오쿠쿠지샤모를 냉장으로 받아 사용하는데 야키토리에 오쿠쿠지샤모를 쓴 요리사는 와다 셰프가 처음이다. 초창기 버드랜드를 열었을 때 와다 셰프의 목표는 오쿠쿠지샤모가 맛있다는 말을 들을 수 있는 야키토리를 만드는 것이었다.

"처음에는 주 1회 정도만 오쿠쿠지샤모를 제공했어요. 일반 닭보다 질기다는 이미지가 있어 보통 가게에서는 쓰지 않는 닭이죠. 그렇지만 오쿠쿠지샤모에는 굉장한 감칠맛이 힘 있게 응축해 있어요. 질기다는 것은 조리법에 따라 달라질 수 있고, 또 부위별로 다른 질감으로 즐길 수 있다는 장점도 되죠."

일주일에 한 번, 오쿠쿠지샤모로 야키토리를 하는 날 일부러 찾아오는 손님들이 점점 늘어나기 시작하자 한 주에 한 마리에서 한 주에 두 마리가 되었고 결국엔 업장에서 쓰는 닭 전부를 오쿠쿠지샤모로 바꾸었다.

"일반 닭의 경우 맛있게 구우려고 몇 번 굽다보면 맛이 빠져버린 듯한 느낌이 나거든요, 그런데 오쿠쿠지샤모는 맛이 점점 응축돼요. 그래서 더욱더 맛있게 굽고 싶다는 생각이 들어요. 이렇게 좋은 재료니 더욱 최선을 다해 요리해야겠다는 요리사로서의 투지를 불태우게 됩니다."

버드랜드의 또 하나의 특징은 맥주도, 일본 술도 있지만 와인 리스트가 다채롭다는 것이다. 와다 셰프는 야키토리에는 산미가 부족하기 때문에 와인과 궁합이 잘 맞는다고 생각한다. 부위에 따라 제공하는 와인 페어링이 훌륭하게 들어맞는다. 그는 야키토리를 비롯, 일본의 구이 요리에 추천하는 와인으로 그루나슈와 산지오베제 품종을 꼽았다. 이렇게 섬세한 와다 셰프가 생각하는 야키토리가 가장 맛있게 구워지는 타이밍은 언제일까?

"일본에서는 요즘 온건하게 가열을 하는 게 유행인데, 이 온건하다는 의미를 오해해 낮은 온도에서 좀 익었으려나 싶었을 때 멈춰버려요. 그러면 그 고기가 가지고 있는 감칠맛 최대치에 도달하기 전에 제공되는 거죠. 거기에서 아주아주 조금만 더 구우면 맛이 확 풍부해져요."

그다음 나온 것은 쓰쿠네, 오쿠쿠지마샤모의 무네니쿠, 모모니쿠허벅다리 고기 등의 부위에서 꼬치에 낄 때 적당하지 않은 것들을 모아 뼈째 갈아 반죽한 것이다. 미트볼 같은 고기완자의 경우 갈린 고기들이 완자 모양으로 잘 붙어 있도록 달걀이나 전분을 쓰지만 와다 셰프는 고기 외의 재료를 일절 넣지 않는다. 생고기를 완자로 만들어 찜도 아니고 야키토리에서 굽는 것은 매우 까다로운 일이다. 이를 위해 고기를 반죽한 뒤 냉장고에 넣어 식히고 꺼내 둥글리고 다시 냉동고, 냉장고를 돌아가며 식히는 일을 반복한다. 그렇게 까다롭게 만든 쓰쿠네의 맛은 과연 일품이라 10개라도 아니 50개라도 계속계속 먹을 수 있을 것만 같다.

이어 나오는 메뉴는 샤모군계의 후토모모넓적다리를 간장과 미림에 십오 분간 담갔다 산초가루를 더해 굽는 산초구이. 미림에 절여두어 타기 쉽기 때문에 구울 때 높이를 조금 높여 굽는다. 산초 잎에 함께 나온 넓적다리의 맛은 마치 블루치즈처럼 진한 발효 풍미의 깊은 맛이 났다. 이렇게 맛있을 수가. 와다 셰프의 야키토리는 정말로 닭에 숨은 맛을 발견해주는, 감각적이면서도 정교한 또 다른 수준의 요리다. 입에 발린 칭찬이 아니라 진심에서 우러나오는 찬사가 나도 모르게 다시 터져 나왔다.

"인생에서 최고의 순간들이 있는데요, 지금 이 산초구이를 먹을 때 같은 순간이죠."

섬세함으로 다른 차원의 맛을 만들어내는 버드랜드의 야키토리. 문득 어떤 조미료를 사용하는지 궁금해 물어보니 치바의 나무통에서 만든 간장에 고치현의 해수를 천일 건조한 소금을 사용한다고 한다.

"그런 재료를 사용하면 돈이 많이 들지 않나요?"

"조미료의 경우에는 시간을 들이지 않으면 맛있게 만들어지지 않아요. 간장의 경우 요즘에는 산분해 방식으로 2~3개월 만에 만들기도 하잖아요. 하지만 역시 1년에서 2년에 걸쳐 만드는 간장과는 깊이가 완전히 다르죠. 그런데 이렇게 시간을 들여 만드는 것에 비하면 조미료가 비싼 걸까요? 저희 가게에서 사용하는 소금은 1킬로그램에 3000엔이에요. 다른 가게에서 어떤 소금을 사용하는지 물어 가격을 말해주면 '저희는 그렇게 비싼 소금은 못 써요'라고 하죠. 일본 전매공사라고 나라에서 운영하는 회사에서 만드는 저렴한 소금은 1킬로그램당 200 몇십엔 하니까 차이가 나겠죠. 그런데 야키토리 하나로 생각해보면 원가가 얼마나 다를까요? 1엔 정도도 차이가 나지 않을 거예요. 하지만 맛은 결정적으로 달라지죠."

이곳에서는 닭 사이에 꽂힌 파마저도 맛있다. 센쥬네기千住葱다. 일반적으로 키워 수확하는 데 6개월이 걸리는 보통 파와 달리 8~10개월을 자라는 센쥬네기는 두께는 같지만 오래 키운 만큼 밀도가 달라 더 아삭한 식감을 낸다.

촬영을 하고 맛을 보는 내내 감탄하게 하는 와다 셰프, 그에게 이렇게 맛있는 야키토리를 만들 수 있는 비법, 가장 중요한 핵심이 무엇인지 물어보았다.

"가장 중요한 것은 '집중력'이겠지요. 여러 번 하는 와중에 자신의 마음을 응축시킬 수 있을지 없을지. 인간이 지닌 능력에는 그다지 차이가 없어요. 그래서 맛있게 구워지는지의 여부는 집중력에 달려 있다고 생각해요. 이를테면 식재료 맛을 보았을 때, 그 안에는 다양한 맛이 있지만 그것을 느낄 수 있는지 없는지, 모두 먹고 있지만 느낄 수 있는 사람과 느낄 수 없는 사람으로 나뉩니다. 굽는 것도 마찬가지예요."

촬영을 하며 큰 가르침을 얻게 되는 사람이 있는데 와다 셰프가 바로 그랬다. 나는 와다 셰프가 재료로 쓰는 토종닭, 오쿠쿠지마샤모를 키운다는 양계장에 따라가기로 했다.

셰프와 생산자의
교배종

최고의 야키토리 맛을 내기 위해 식재료 연구에 매진한 와다 셰프, 그는 농가에서 특정한 품종을 선택해 교배한 토종닭으로 일반 닭에 비해 웅축된 감칠맛을 내는 오쿠쿠지마샤모를 찾아냈다. 생산자와의 끊임없는 커뮤니케이션을 중요하게 생각해 종종 농장을 찾는다는 그를 따라 도쿄 근교의 양계장을 찾았다. 겉으로 보기에는 우리와 똑같은 시골이지만 그 청결함이 남다른 양계농장이었다.

그곳에서 오쿠쿠지마샤모 생산조합 이사 다카야스 마사노리 씨를 만났다. 한눈에 보기에도 친해 보이는 와다 셰프와 다카야스 씨의 첫 만남은 1988년, 버드랜드에서 쓸 토종닭을 찾던 와다 셰프가 다카야스 씨의 농장을 찾았을 때로 거슬러 올라간다.

"1988년 1월 5일이에요, 날짜까지 기억하고 있죠. 막연하게 토종닭을 사용해보면 어떨까 하는 생각으로 이곳을 찾았어요. 당시에는 냉장 운송 차량이 없어서 토종닭을 생으로 보내주는 농장이 전무했거든요."

와다 셰프와 다카야스 씨는 냉장고에 있던 냉동 닭고기를 꺼내 스토브에서 야키토리를 구워 먹으며 술을 곁들여 이야기를 나누었다.

　"정말 맛있는 술을 가지고 왔더라고요. 제가 술을 엄청 좋아하거든요. 마지막에는 취해버려서 그럼 생 닭고기를 보내줄까? 해버리게 된 거죠. 술 때문이에요."

　웃으면서 말하는 다카야스 씨지만 냉장으로 생닭을 보내는 그 정성과 와다 셰프의 열정이 지금의 오쿠쿠지마샤모의 위상을 만들어냈다. 이전까지 먹었던 여느 닭고기와는 다른, 맛이 꽉 들어차 힘이 있는 느낌에 반한 와다 셰프는 이 닭을 위해서라도 더욱 훌륭한 야키토리를 만들어내리라 결심하게 된다.

　오쿠쿠지마샤모는 샤모를 아비 닭으로, 나고야코친과 로드아일랜드가 교배된 종을 어미 닭으로 쓴다. 유전자로 따지면 50퍼센트 샤모에 25퍼센트 나고야코친, 25퍼센트가 로드아일랜드인 셈이다. 절반이 샤모이기 때문에 모양이나 맛은 샤모를 그대로 닮았다. 이바라키현에 있는 양계실험소의 닭 박사가 이 조합이 정말 맛있는 닭이 나온다고 해서 그대로 교배해낸 품종이다.

　"교배 시에는 수탉의 특성이 강하게 나타나요. 맛도 수탉의 영향을 많이 받기 때문에 아비 닭이 중요하죠. 그러니까 오쿠쿠지마샤모는 어디까지나 샤모의 맛이고 여기에 나고야코친과 로드아일랜드가 가미된 거예요."

　나고야코친은 고기로도 먹지만 본래 달걀을 생산하기 위한 종으로 번식을 위해 달걀을 많이 낳도록 샤모에 나고야코친 종을 교배하는 것이다.

"일본의 토종닭 인증에는 혈통과 사육 일수, 그리고 사육 밀도가 중요해요. 혈통의 경우에는 메이지시대인 약 100년 전에 일본으로 들어온 닭은 전부 토종닭으로 인정하기 때문에 로드 아일랜드레드 종도 일본 토종닭으로 인정받는 혈통이에요."

생산자만큼이나 오쿠쿠지마샤모에 빠삭한 와다 셰프가 설명한다. 이곳 오쿠쿠지마샤모 생산조합에서는 오쿠쿠지마샤모의 부모 닭을 길러 교배하고 알을 취한 뒤 병아리로 부화시켜 조합 사람들에게 나눠주고 오쿠쿠지마샤모를 키워내면 다시 조합으로 되팔아 출하한다. 일본의 토종닭은 매일 해체 작업을 하지 않기 때문에 처리한 것을 냉동해서 파는 경우가 대부분이다. 오쿠쿠지마샤모 역시 기본적으로는 냉동으로 판매하지만 생산 일정표가 있어서 생고기를 원하는 사람은 미리 예약해 생 닭고기로 살 수도 있다.

버드랜드에서 사용하는 것도 모두 생 닭고기, 샤모를 야키토리에 최초로 쓴 셰프로서는 당연한 일이다. 와다 셰프 덕에 오쿠쿠지마샤모의 맛은 유명해져 10여 년 전 NHK 프로그램에 양계장이 소개되었고 이후 도쿄의 백화점에서 오쿠쿠지마샤모 팝업 이벤트를 할 정도로 이제는 미식가들에게 알려졌다.

다카야스 씨는 커튼을 열어 알을 낳는 닭장을 보여주었다. 갈색에 몸짓이 작은 게 암컷, 검은색으로 몸집이 큰 게 수컷 샤모로 이 둘이 교배해 낳은 알을 부화시키면 오오쿠지샤모가 된다. 암탉 10마리에 수탉 한 마리의 비율, 이 정도가 딱 적당하다고 한다. 투계용 닭인 샤모는 부리부리한 게 생김새가 무서운데, 순하기는 암탉보다 수탉이 더 순하다.

"암탉이 오히려 모여서 쪼고 하지 수탉은 겉모습은 이래도 마음은 착해. 대신에 다른 닭장에서 수탉을 데리고 오면 바로 서열 싸움을 시작하지."

닭은 20마리가 있으면 1순위부터 20순위까지 딱 나뉠 정도로 서열 사회. 오쿠쿠지샤모 닭장으로 자리를 옮겼다. 키가 크고 날씬하고 지방질이 적어 매끈해 보이는 모습의 오쿠쿠지샤모. 보통 닭과 달리 소리 등에 민감해 더 조용한 환경을 조성해 둔 오쿠쿠지샤모 닭장이다. 다른 닭보다 사육 기간이 길고 날이 추워지면 죽기도 하는 등 굉장히 예민해 기르기 어렵다.

"수탉 다리가 두껍네."

"작년 봄에 태어났으니까, 1년 반 정도 된 놈이야. 이 정도 되면 구워 먹어도 딱딱해."

"250일 정도 된 닭으로 요리한 적이 있는데 잘 안 되더라. 오래 익혀서 부드러워진 듯해 보면 맛이 다 빠져버려 있어."

20년 지기 요리사와 농부의 대화는 끝도 없이 이어진다. 옆에서 듣고만 있어도 흥미진진하고 배울 점이 한두 가지가 아니다.

이곳에서 키우는 오쿠쿠지샤모는 수탉만 쓴다. 수탉이 암탉보다 토종닭인 샤모의 특징이 돋보이는 데다가 맛이 꽉 차 오쿠쿠지샤모의 특성을 잘 구현하니 와다 셰프도 수탉을 더 선호한다. 일본에서는 한때 암탉이 더 좋다고 여겨왔지만 와다 셰프가 요리사들과 함께 비교 시식을 했고, 모두 수탉에 한 표를 던졌다. 일반 닭보다 근육질이지만 그래도 어느 정도 지방이 붙어야 맛있기 때문에 밸런스를 맞춰 사료도 특별히 만든다. 옥수수와 콩깻묵, 곡물용 수수의 하나인 마일로milo 등을 혼합한다. 일본도 우리나라와 마찬가지로 닭다리 살과 닭가슴 살 가운데 닭다리 살을 선호하지만 와다 셰프의 생각은 다르다.

"불 조절을 어떻게 하느냐에 따라 닭가슴 살도 닭다리 살만큼이나 정말 맛있는 부위가 돼요. 일반 닭에 비해 오쿠쿠지샤모는 가슴살에 지방이 굉장히 적은데 특히 껍질 아래의 피하지방이 거의 없죠. 닭다리 살은 매우 단단하고 붉은색을 띠어요. 지방은 없으면서 육즙은 풍부해 진한 맛을 내요."

자신이 사용하는 요리의 재료를 직접 고르고, 그 특성을 속속들이 꿰고 있는 와다 셰프, 그는 생산자가 진정으로 맛있는 식재료를 만들고자 하는 신뢰할 수 있는 사람인지를 중요하게 여긴다. 그래서 다카야스 씨의 농장에 종종 들러 이렇게 닭이 크는 모습을 보고 메일과 전화도 자주 주고받는다. 다카야스 씨도

와다 셰프를 신뢰하고 존중하며 자신이 생산하는 닭이 무슨 맛인지, 그때그때 무엇이 달라지는지를 듣는다.

"저도 와다 셰프의 야키토리를 먹어봤는데, 이건 뭐 저희도 냉동 닭고기로 야키토리를 만들어 먹지만 도저히 같은 닭이라고는 느껴지지 않을 정도로 맛이 달라요. 굽는 방식의 수준이 아예 다르다고 할까, 정말로 굉장하죠."

맛있는 닭을 위해 닭을 교배했듯, 생산자와 셰프가 교배해 최고의 재료를 생산한다. 셰프는 생산자만큼 재료와 재료를 키우는 법에 대해 속속들이 알지 못하고 또 생산자는 자신이 만들어내는 재료를 셰프가 어떻게 요리하는지 개선점 또한 알지 못한다. 생산자와 셰프 사이의 교류가 얼마나 중요한지를 여기 있는 오쿠쿠지샤모가 말해주고 있다.

와다 셰프는 어린 시절 산속에서 태어나고 자라 자연이 주는 식재료의 중요함을 알고 있었다. 갓 수확한 채소와 여름에는 천에서 나는 은어, 겨울에는 산속의 멧돼지를 잡아먹으며 자연의 풍부한 맛과 생명의 소중함을 알게 되었다. 돼지를 잡으면 간과 쓸개, 심장까지 요리해 징기스칸 전골을 해 먹었고 총으로 잡은 야생 조류를 혼자 손질해 요리한 적도 있다. 이런 경험이 와다 셰프를 최고의 야키토리 요리사로 만든 동력일 것이다.

"생명은 소중하니까, 한 마리를 잡으면 최선을 다해 모든 부위를 맛있게 요리하는 거죠. 저는 그렇게 생각해요, 프랑스 같은 유럽은 공장식 대형 양계장도 있지만 또 근교에만 나가도 닭을 직접 키우는 집들이 많거든요. 그리고 닭의 여러 부위와 내장을 조리해 먹죠. 반대로 미국 같은 경우는 대형 공장식 양계장 위주고 거의 대부분의 사람이 닭이라고 하면 마트에 이미 손질되어 나온 닭고기를 생각해요. 그런 미국에서는 보통 닭의 내장이나 다른 부위는 먹지 않고 닭가슴 살이나 닭다리 위주로 그냥 튀겨 먹고는 하죠."

자신이 요리하는 닭을 단순한 식재료가 아닌 하나의 귀중한 생명체로 대접하는 일, 이런 존중의 마음이 최고의 요리를 탄생시킨 것은 아닐까?

요리사는 주방을 벗어나 원산지를 돌아다니며 생산자를 끊임없이 만나야 한다. 오늘날 많은 요리사는 자신이 사용하는 농산물, 축산물을 살아 있는 상태에서 접할 기회가 적다. 그것들이 어떤 생육 조건에서, 어떻게 길러져 주방으로 배달되는지 모르는 채 조리하는 일이 다반사다. 글쓰기에 비유하자면, 자연이라는 무한한 사전에서 요리사 스스로 날것의 어휘를 찾아내서 자기의 작품을 쓰기보다는 누구나 다 아는 뻔한 문장들을 조립하기 바쁜 식이다. 그래서 세상 식당의 메뉴가 엇비슷한 맛을 가질 수밖에 없다.

생산자도 마찬가지다. 요리사를 직접 만나서 자신의 농산물이 실제로 어떻게 조리되고 활용될 수 있는지 경청할 기회가 있어야 한다. 그 과정에서 새로운 품종과 재배 방식의 아이디어가 나올 수 있다. 최고의 한 접시가 탄생하기 위해서는 요리사는 농부가 되어야 하고 농부는 요리사가 되어야 한다. 와다 셰프와 다카야스 씨처럼 말이다.

치킨인류

그날그날 먹고 살기 바쁜 대부분의 요리사에게는 알면서도 참 실천하기 어려운 일인 것은 사실이지만 특별한 요리사가 되기를 꿈꾸는 이들이라면 잊어서는 안 될 과제다.

한국

KOREA

닭이 우리 식탁에
오르기까지

　한 해 동안 인류가 먹어치우는 닭의 수는 약 700억 마리, 지난 반세기 동안 약 50배가량 증가한 숫자다. 닭고기를 사랑하는 한국인이 한 해 소비하는 닭의 수는 약 6억 마리, 1인당 약 12마리로 한 사람당 한 달에 적어도 닭 한 마리는 먹는 셈이다. 1970년대 1.4킬로그램에 불과했던 닭고기 소비량이 40년 만에 14킬로그램이 되는 과정에는 육계 가공 환경의 발전과 그에 따른 풍부한 공급, 저렴한 가격이 큰 역할을 했다.

　우리가 일상적으로 먹는 닭이 어떻게 도축, 가공, 포장되어 식탁에 오르는지 '치킨인류'라면 반드시 알고 가야 하는 것이 아닐까 하는 생각에 국내 한 닭고기 공장을 찾았다. 하루에 이곳에서 도축, 포장되는 닭만 23만 마리, 거대한 규모의 이 공장은 현대화된 시설을 갖추고 있다. 방직복과 위생화, 마스크까지 철저하게 위생 작업을 거치고 들어간 곳은 마치 반도체 공장을 방불케 하는 모습이었다. 자동 포획기로 상자에 담겨져 컨테이너로 옮겨진 닭이 지게차에 실려 공장으로 들어온다. 직접 사람이 손으로 담던 시절보다 닭도, 작업자도 스트레스가 덜하다고 한다. 닭을 집어 던지며 옮기던 시대를 지나 어떻게 하면 닭의 스트레스를 줄일지 고민하는 시대인 것이다.

다시 얼마간의 진정을 위해 여섯 시간 동안 휴식을 마친 닭은 가스실로 옮겨진다. 닭이 최대한 편안하게 죽음을 맞을 수 있도록, 방에 이산화탄소를 넣어 미리 실신을 시키는 단계다. 일반적으로 실신을 시키는 방법은 전기 실신과 가스 실신이 있는데 전기로 실신시킬 경우 순간적인 전압의 충격에 의해 닭도 스트레스를 받고 모세혈관이 파괴되지만 가스 실신의 경우 수면내시경을 받듯이 닭이 자기도 모르게 수면 상태로 접어든다. 실신한 닭은 공장 라인에 걸린 뒤 닭털이 깨끗하게 제거된다. 살아 있는 닭의 털을 뽑아 목을 잘라 죽이던 것보다는 덜 잔인하고 동시에 생산성과 품질도 높이는 방식이다.

이곳에서 도축되는 닭은 한 시간당 8000마리, 라인에 걸린 닭은 도축되자마자 그대로 3.3킬로미터에 달하는 에어칠링 라인으로 들어간다. 닭의 온도를 신속하게 2도까지 낮추는 에어칠링으로 신선도를 유지하며 사후 미생물이 증식할 요인을 차단하는 것이다. 3.3킬로미터의 벨트를 다 도는 시간은 두 시간 반, 2도까지 온도를 낮춘 닭은 수분 함량이 상대적으로 낮아져 육질이 더 쫄깃쫄깃해지며 보관 기관도 길어진다.

이제 닭은 엑스레이 검사와 자동선별 시스템을 통과하고 아주 약간이라도 기준 품질에 부합하지 못하면 상품에서 제외된다. 최근 많은 이들이 걱정하는 항생제 잔류 여부는 살아 있는

치킨인류

닭이 공장에 오기 직전, 농가의 수의사에 의해 검사가 이뤄진다. 품질 검사가 끝난 닭은 기계에 의해 부위별로 잘리는 발골 과정과 세척 과정을 거쳐 계속 컨테이너의 한 방향으로 이동되며 역시 기계에 의해 부위별로 잘려 진공 포장 팩에 담긴다. 한 마리의 살아 있는 닭이 '닭고기' 상품이 되는 것이 긴 컨베이어 벨트에서 시작되고 끝나는 것이다. 현수 작업부터 도계, 적출, 에어칠링 선별, 포장까지 한 방향으로 가는 컨베이어 벨트에서 끝나는 원웨이 시스템은 교차오염 등 위험을 철저히 차단한다.

도계 공장의 경우 적정 온도가 15도 이하로 권장되는데 이 공장의 경우 8도에서 10도로 관리되며 공장 소독도 철저히 이뤄진다. 비위생적인 경우가 허다했던 냄새 나는 재래시장의 닭 집과 비교해보면 낯설어 보일 수 있는 이런 시스템이 식품 안전 측면에서 유리한 것은 사실이다.

일반적으로 하루 25만 수가 생산되는 공장은 초복이나 중복, 말복 성수기에는 주야간으로 운용되며 40만 수까지 도계된다. 하루에 40만 마리의 닭이라니, 잘 상상이 가지 않는 숫자다. 프랜차이즈 등의 외식업체에서 공급받는 닭의 호수는 일반적으로 9호(900그램)와 10호(1000그램), 부위별로 포장되어 팔리는 닭의 경우에는 13호 이상이 사용된다. 삼계탕의 경우에는 그보다 훨씬 작은 400~450그램의 영계가 선호된다. 나는 다른 나라보다 유독 작은 닭을 선호하는 이유를 연구원에게 물었다.

"사육 환경에도 차이가 있습니다. 유럽 등지에서는 3킬로그램까지 닭을 키우는데 우리나라의 사육 환경은 그 크기에 맛있는 닭을 키우는 데 한계가 있어요. 또 해외의 경우 닭을 통으로 조리하기보다는 부위별로 잘라 조리되고 팔리는 경우가 많은데 우리나라는 삼계탕이나 프랜차이즈 통닭용으로 쓰이는 경우가 더 많아 작은 닭이 선호됩니다."

순식간에 기계에 의해 대량으로 이뤄지는 도계 과정은 마치 닭이 처음부터 생명이 있는 동물이라기보다는 공장에서 생산된 상품 같다는 느낌을 준다. 미키마우스가 나오는 영화 〈판타지아〉에서 빗자루가 쭉 줄을 서서 움직이며 행진하는 장면처럼 원래 생명이 아닌 것이 컨베이어 벨트에 매달려 끝없이 흘러가는 듯했다.

우리는 치킨 배달을 시킬 때, 혹은 마트에서 팩에 진공 포장된 닭고기를 보면서 살아 있는 닭을 떠올리지 않는다. 닭이건 돼지건 소이건 도축 장면의 끔찍함을 직접 볼 일도 없는 시대다. 단지 털이 없는 하나의 식재료로, 조각난 부위별로 만나게 되는 닭은 우리에게 죄의식도, 생명을 먹는다는 고마움도 느끼게 하지 않는다. 옛날 마당에서 키우던 닭을 잡아먹던 시절, 그 장면을 처음 보는 아이들의 충격과 슬픔 그리고 고기를 먹는다는 것은 다른 생명의 희생이라는 것을 깨닫기 쉽지 않다. 요즘 아이들은 스마트폰 통화 버튼의 전화기 모양이 전화기라고 생각하지 못한다고 한다. 그들은 아날로그식 전화기를 본 적이 없기 때문에 양끝이 구부러진 그 모양이 귀 모양이라고만 생각한다고 한다.

닭도 마찬가지 아닐까? 닭을 그리라고 하면 이미 털이 다 뽑

힌 고기로서의 닭을 그리게 되지 않을까? 하지만 고기의 소중함, 생명의 소중함을 알기 위해 이제 와서 옛 시대로 복귀할 수도 없는 일이다. 집집마다 닭을 키우고 직접 도축을 하고 털을 뽑는 시대로 가기에 이미 우리는 너무 많은 양의 고기를 먹고있다. 게다가 자동화된 도계 시스템은 옛날보다 감염 등의 위험성을 훨씬 낮춘 분명한 장점을 가지고 있다. 옛날에는 비싸서, 귀해서 못 먹던 고기지만 공장제 사육과 도축으로 그 가격이 상상도 못할 만큼 내려가 요즘은 고기보다 채소가 더 비싸다는 말도 있다. 이는 축복이면서 동시에 저주기도 하다. 생명을 죽여야 얻을 수 있는 고기가 귀하지 않은 시대, 저렴한 공급이 소비자를 위한 것이라는 공산품의 생산과 소비의 논리를 살아 있는 생명에게 매겨도 되는 것일까?

시장경제에서 기업이 살아남는 법은 남보다 싸게, 저렴하게 만드는 것이겠지만 그것을 동식물에게 적용했을 때는 생명경시 풍조를 넘어 지구의 환경 파괴로 이어진다. 오랜 시간을 통해 벌어지는 교배를 몇 달 안에 실험실에서 유전자 조작으로 이뤄냈을 때 생태계 교란, 더 빨리 자라고 근육이 부드러운 닭을 만들었을 때의 생명윤리 딜레마, 더 싸게 많이 식품을 만드는 만큼 낭비되는 자원과 파괴되는 지구환경을 생각하지 않을 수 없다.

최근에는 음식뿐 아니라 옷조차 패스트 패션이 트렌드가 되어 지구환경 파괴의 주범이 되고 있다. 원가를 절감해 대충 만든 저렴하지만 보기 좋은 옷은 옷이 귀한지를 모르게 만든다. 옷이 귀하던 시절에는 좋아하는 옷이 틀어지면 기워 관리하며 몇십 년 동안 입던 것을 지금은 그냥 버리고 만다. 입지도 않는 옷이 옷장마다 가득하다.

지금은 모든 것이 넘쳐나는 과잉의 시대다. 한 쪽에서 굶고 있는 제3세계 아이들이 있다고 해도 한 쪽에서는 엄청난 자원이 낭비되고 버려진다. 사람이 한번에 먹을 수 있는 음식량, 한번에 걸칠 수 있는 옷 양은 한계가 있는데 거대 기업들은 더 많은 이익 창출을 위해 과잉을 부추긴다. 식품 기업은 자연스러운 포만감을 망각시키기 위해 더 자극적이고 중독적인 맛을 찾는 데 고심하고 미디어에서는 온종일 푸드포르노가 방영된다. 인류 역사상 동물성 단백질을 가장 저렴한 가격에 손쉽게 구할 수 있게 된 시대에서 우리는 이제 '좋음'의 기준 자체를 바꿔야 한다. 가장 효율적인 생산 과정, 가장 합리적인 가격, 최대한 많은 양이 좋음의 기준인 시대를 지나 비효율적이어도 생명의 윤리를 한 번 더 생각하고, 생명의 귀함을 생각하고, 넘치게 많은 것보다 필요한 만큼 적당함을 아는 것이 좋음의 기준이 되어야 한다. 우리에게는 더 많은 치킨이 아닌 더 '옳은' 치킨이 필요하지 않을까, 고민이 필요한 때다.

프랑스 셰프,
한국의 궁중음식을 배우다

한국을 방문한 미국의 유명버거 업체 쉐이크쉑의 랜디 가루
티 사장을 취재한 적이 있다. 촬영을 끝내고 나니 밤 12시가 다
되었다. 그날 도착한 터라 피곤할 텐데 서울에 오면 꼭 들르는
식당이 있다고 해서 어디냐 물었더니 놀랍게도 강남의 프라이
드치킨 집이었다. 프라이드치킨은 미국이 원조인데 여기까지
와서 치킨이냐고 묻자 답이 의외였다.

"나는 미국인이니 평생 프라이드치킨을 먹어왔고 미국 남부
레시피가 최고라고 생각했어요. 그런데 서울에 와서 한국식 치
킨을 맛보고 난 뒤에는 생각이 바뀌었어요. 바삭바삭하면서 부
드럽고, 다양한 양념도 곁들일 수 있는 한국식 치킨은 정말 매
력적이에요."

세계적인 외식업체의 CEO가 인정하듯이 한국식 프라이드치
킨과 양념치킨은 차별화된 맛으로 전 세계에 유행하고 있다.

한국식 치킨의 시작은 한국전쟁 이후 미군부대에서 나온 프
라이드치킨이었다. 본격적인 대중화는 1970년대 이후에 일어나

는데 닭고기 생산량이 급속히 늘어났고 저렴한 가격의 식용유가 대량 출시되면서 튀겨 먹는 음식이 인기를 끌게 됐다는 점도 작용했다. 오래전부터 한국인은 깐풍기, 라조기 같은 튀긴 중국식 닭 요리를 접하긴 했지만 미국식 프라이드치킨은 수준이 다른 매력적인 풍미를 선사했다. 일단 튀기면 구두도 맛있어진다는 우스갯소리도 있지만 끓는 기름에 두터운 전분 옷을 입힌 닭고기를 푹 담가 순식간에 바삭하게 익히는 딥프라잉deep frying 조리법은 단시간에 한국인을 치킨 마니아로 뒤바꿨다.

흥미로운 사실은 1970년대 후반 림스 치킨을 필두로 치킨 가맹점 사업의 진원지가 서울이 아니라 대구였다는 점이다. 영천, 의성, 청도 등 당시 양계장 80퍼센트가 경북권에 몰려 있었던 것이 그 배경이다. 한국식 치킨으로 대표되는 '양념치킨'도 이 지역에서 탄생했다.

1980년대 한국의 치킨 열풍은 한국식 배달 서비스와 만나 허리케인 급으로 진화한다. 한국이 세계 어느 나라에서도 찾아보기 힘든 선진적인 음식 배달문화가 가능했던 것은 아파트 위주의 주거 형태 덕분이다. 인구 대부분이 대규모 아파트 단지(닭장을 연상케 하는)에 밀집해서 사는 덕에 배달이 용이했다. 그렇게 프라이드치킨은 짜장면, 짬뽕 등 중식 메뉴의 뒤를 이어 딜리버리 메뉴의 간판 주자가 되었다.

1982년 프로야구 출범, 1986년 아시안게임, 1988 서울올림픽, 대형 스포츠 이벤트들이 줄이어 개최되면서 치킨은 한국인의 파티 음식으로 자리를 잡는다. 청출어람이라고나 할까, 미국인에게 배웠던 치킨은 한국에서 진화 발전하여 세계로 확산되고 있다. 뉴욕, 파리, 베를린, 베이징 거리 곳곳에서 한국식 치킨을 판매하는 식당들을 이제는 어렵지 않게 찾을 수 있고 유튜브에 '코리안 치킨 레시피'라고 치면 다양한 나라의 유튜버들이 한국식 치킨을 만드는 영상이 쏟아져 나온다. 드라마에 종종 등장하는 '치맥'도 이런 열풍에 적지 않은 기여를 했는데 한국에 오는 해외 관광객들이 꼭 먹어보고 싶은 메뉴 가운데 치킨이 요즘은 꼭 들어간다. 치킨 취재를 위해 만난 많은 셰프들도 나에게 한국식 치킨이 이제껏 먹어본 프라이드치킨 가운데 최고라는 이야기를 수차례 하곤 했다.

해외 셰프들도 주목하는 한국의 치킨, 그런데 한국에는 프라이드치킨 말고도 다채로운 닭 요리가 존재한다. 다른 식문화권 셰프의 눈으로 우리의 닭 요리를 재조명해본다면 우리가 미처 발견하지 못한 장점을 찾을 수도 있을 것 같았다. 그래서 동서양의 두 셰프에게 한국의 여러 가지 닭 요리를 시식한 뒤 평가를 부탁했다.

한국 닭 요리 탐사의 첫 번째 주인공은 시그니엘 호텔의 프렌치 레스토랑 '스테이'의 총괄 셰프인 엘리 피셔만. 그는 파리에 있는 레스토랑과 서울 시그니엘의 스테이를 오가며 지내기에 프랑스와 한국 양국의 닭 요리를 비교하기에 적격이라고 생각했다.

그와 함께 찾은 곳은 한국 전통 궁중요리의 맥을 잇는 궁중음식연구원이었다. 한복려 선생이 직접 셰프에게 요리 시연을

해주었다. 궁중요리를 비롯한 전통 한식의 최고 전문가를 만난다는 기대감에 셰프는 흥분을 감추지 않았다.

"오늘 소개할 요리는 칠향계七香鷄라는 전통 보양식입니다. 『산림경제山林經濟』『고사십이집攷事十二集』『군학회등群學會騰』『오주연문장전산고五洲衍文長箋散稿』『규합총서閨閤叢書』등의 고서에도 나와 있는 요리죠."

파와 도라지 말린 것, 생강, 산초, 참기름, 간장, 식초 일곱 가지의 재료를 섞어 닭의 배 속에 넣는다 해 칠향계다. 한복려 선생은 닭의 배를 갈라 내장을 다 빼고 재료를 모두 넣은 뒤 실과 바늘로 꿰매기 시작했다.

"프랑스에도 재료는 다르지만 생 타임과 마늘 등을 넣고 함께 끓여 향이 배이도록 하는 닭 요리가 있어요. 그런데 실로 배를 꿰매는 게 재밌네요. 수분을 지켜 닭이 너무 건조해지지 않도록 하고 향신료와 간이 잘 배어 냄새가 좋도록 하는 거겠죠?"

셰프답게 과정 하나하나를 유심히 지켜보고 궁금해하는 엘리 셰프와 아직까지도 요리에 대한 호기심이 넘치는 젊은 한복려 선생은 금세 친해졌다. 한국의 요리사들은 물론 세계적인 스타 셰프들이 한국에 오면 가장 만나고 싶어 하는 요리사이자 전통 한식의 대모지만 한복려 선생은 언제나 열린 마음으로 새로운 것을 더 알고 배우려 해 개인적으로 가장 존경하는 분 가운데 한 명이다. 한복려 선생은 능숙하게 전통 옹기에 닭을 넣고 한지로 옹기를 덮은 뒤 고무줄로 닫고 옹기를 다시 김 오른 큰 솥에 넣어 중탕을 시작한다.

"이것 보세요, 옹기에 물 하나 안 넣었는데 안에 국물이 저절로 생겼죠?"

닭에서 나온 수증기가 한지에 맺혔다 다시 내리며 자작해진 칠항계의 국물은 그 향이 그윽했다.

"국물이 맑아요, 정말 아름다워요. 닭에서 기름이 함께 나와 풍미가 있고 안에 넣은 향신료의 향도 너무 강하지 않아 섬세해요. 훌륭합니다."

잡내 없이 담백하게 우러난 맑은 국물에 셰프는 연신 찬사를 보낸다.

"엄마도 프랑스 전통 요리인 포토푀pot-au-feu를 만들고는 하는데 비슷한 맛이 나요. 하지만 미묘하게 달라요, 저절로 생긴 국물이 훌륭하고 온도도 너무 뜨겁지 않아 적당해요. 파리에 있는 셰프디카리노에서 포토푀를 만들어내는데 한번 이런 방법도 써보고 싶어요. 닭고기 요리 가운데서는 코크드미뉴라는 메뉴가 생각나요."

엘리 셰프의 부모님은 파리 근교에서 작은 식당을 해 어린 시절부터 집에서 맛있는 가정식을 먹으며 자랐다. 그에게 닭고기 요리는 어머니의 음식을 생각나게 하는 소울푸드다.

"한국에서 닭은 특별한 날 먹는 음식이에요. 특히 여름에 먹는 삼계탕 등 보양 음식이라는 이미지가 강해요. 이 음식도 약이 되는 닭에 도라지나 마늘 등의 좋은 성분이 닭과 국물이 저절로 배어들게 하는 거예요."

"프랑스에서도 닭은 매우 중요해요. 프랑스의 상징이기도 하죠. 일요일 점심이면 모든 가족이 모여 엄마가 구운 닭을 요리했어요. 양파를 넣고 닭을 천천히 익히면 주방 가득 맛있는 냄새가 퍼졌죠. 손님이 오면 가장 중요한 손님이 가슴살과 다리를 먹었어요."

프랑스에도 리옹식 닭가슴 살 요리 등 다양한 닭 요리가 있고 스튜나 슬로우 쿡 등 다양한 방법으로 조리한다. 프랑스의 셰프 가운데서는 정원에서 닭을 직접 키우며 아침마다 달걀을 수거해 오믈렛 등을 해 먹는 이도 꽤 된다고 한다.

프랑스와 한국 닭 요리법의 가장 큰 차이는 무엇일까? 한복려 선생은 이렇게 요약했다.

"제가 느끼기에 한국 닭 요리와 서양 닭 요리의 가장 큰 차별점은 한국은 가마솥에서 끓이거나 찌는 등의 조리법을 주로 사용하고 서양은 로스트치킨을 하는 등 오븐을 이용해 굽는 요리가 대중적이라는 거예요. 한국은 온돌 난방이라 아궁이에 불을 때면 자연스럽게 가마솥을 거기에 올리고 찌고 끓였거든요. 한국인의 생활방식과 함께 발달한 조리법이죠."

선생님은 이어서 초계탕을 선보였다. 최근의 초계탕이 겨자 등을 넣고 냉면처럼 차갑게 먹는 음식이라면 전통 초계탕은 닭고기와 소고기, 도라지 등의 재료에 밀가루와 달걀 물을 묻혀 맑게 끓인 장국으로 궁중음식이었다.

선생은 먼저 닭의 살이 자연스럽게 떨어질 정도로 식초 물에 닭을 푹 삶아 건져내 살코기는 살코기대로 모으고 삶은 물은 기름기를 한번 걸러 국물을 만들었다. 식초와 생강을 넣어 닭고기의 비린 맛을 잡고 미나리와 표고버섯을 손질하고 도라지는 소금을 넣어 주무르며 물에 여러 번 헹궈 쓴맛을 빼 준비한다. 소금, 참기름, 파, 양파, 마늘, 후춧가루, 간장으로 양념을 한다.

"한국 전통 음식에서 시즈닝 양념은 많지 않아요. 요즘엔 빨간 고추를 많이 쓰지만 궁중음식이나 옛 음식에는 고추를 많이 쓰지 않았어요. 대신 간장으로 맛을 내죠. 발효된 간장으로 깊은 맛을 내기 때문에 간장을 빼놓고는 전통 한국 맛이라고 할 수 없을 정도예요."

"얼마 전에 30년 되었다는 한국의 장을 맛봤는데 맛이 깊고 정말 독특하고 훌륭했어요."

간장으로 옅은 맛을 내는 초계탕은 잔칫상이나 술상에 오르던 부드럽게 먹는 닭이었다. 이어 재료에 밀가루를 묻히고 달걀을 개어 국물에 넣어 바르르 잠깐 끓인 뒤 불을 내린다.

"밀가루와 달걀을 묻혀 끓이는 게 아주 흥미로워요. 덕분에 재료들이 맛있게 엉겨 있고 부드러워요. 들어간 재료 자체에도 간이 되어 있고요. 엄마도 이런 요리를 하는데 닭 풀레poulet라고 해요. 닭을 통째로 넣어 육수를 만든 뒤에 닭을 꺼내 밀가루를 더 넣어 천천히 익히는데 맛이 매우 비슷해요. 흥미로워요."

한국의 전통 음식과 프랑스의 전통 음식 가운데 비슷한 조리법의 닭 요리가 있는 것이 신기한지 셰프는 연신 수저를 들었다. 셰프는 당장이라도 레스토랑에 가 오늘 받은 영감으로 새닭 요리에 도전해보고 싶다고 했다.

"요리에서 왜 이런 과정을 거치는지 이해하는 것은 요리사에게 중요해요. 전 세계 모든 요리사들은 새로운 것을 창조하고 싶어 하지만 어머니, 할머니로부터 배운 것들을 지키는 것도 중요해요. 최고의 요리는 전통 요리죠. 그 안에는 항상 배울 것이 있어요. 그리고 한복려 선생님의 조리법은 이제까지 봐오던 것들과 달라요. 음식 속에 사랑이 담겨 있는데 그것은 맛을 보면 알 수 있어요."

며칠 뒤 엘리 셰프를 스테이 주방에서 다시 만났다. 궁중음식연구원에서 영감을 받은 프랑스 치킨 요리를 선보이겠다며 레스토랑으로 나를 초대했다.

"파리에 있는 저의 레스토랑 셰프드카리노의 핵심은 소스에 있어요. 한복려 선생님이 보여주신 칠향계 요리는 닭고기의 질감이나 맑은 소스(국물)의 맛이 완벽했어요. 오늘 저는 한국 닭을 이용해 닭과 당근의 풀레를 만들 거예요."

풀레는 프랑스에서 닭과 오리 등을 비롯한 가금류 요리를 총칭한다. 셰프가 가장 신경 쓰는 것은 소스다. 프렌치퀴진의 핵심이라고도 할 수 있는 소스는 제대로 만들려면 시간과 정성이 많이 들어간다.

"닭가슴 살의 뼈에 당근, 오렌지즙을 더해 우려내 육즙으로 만든 맑은 소스인 쥐jus를 만들 거예요. 시간이 오래 걸리긴 하는데 이 요리에서 쥐가 차지하는 비율이 80퍼센트는 되거든요. 저희는 소스를 만드는 데 심혈을 기울여요."

그는 이어 육즙용으로 뼈를 발라낸 닭가슴 살에 껍질과 살

사이에 사프란 버터를 넣는다. 이는 콩티제contiser라는 프렌치 테크닉으로 고기나 생선의 껍질과 살 사이에 버터나 허브, 향신료 등을 넣는 방식이다. 닭가슴 살과 껍질 사이에 사프란 버터를 넣으면 오븐에서 고기가 익을 때 껍질은 바삭해지고 살코기는 사프란의 향이 자연스럽게 배어들고 촉촉해진다. 트러플 버터를 넣는 경우도 많고 생선의 경우에는 허브를 사용한다. 향이 퍼지도록 닭을 천천히 익히는 동안 당근에 닭 육수와 오렌지 과즙을 넣어 익힌다. 이어 레몬에 설탕을 넣고 천천히 익히다 다양한 향신료를 넣어 85도에서 세 시간 동안 쪄 레몬 콩피confit를 만든다. 당근과 레몬 콩피, 호박과 토마토 등의 야채가 콩디망condiment으로 접시에 올라갈 것이다. 콩디망은 음식에 맛을 내는 양념이나 조미료 일체를 가리키지만 프렌치퀴진에서 콩디망은 양념이나 소스 형태 외에도 재료 하나하나를 조리해 함께 제공되는 것을 가리키기도 한다. 육류나 생선 등의 주재료 옆에서 다양한 맛과 향, 식감을 불어넣는 것이다.

셰프는 닭을 진공 팩에 넣고 54도의 물에서 천천히 익히는 수비드sous vide 방법도 보여줬다. 재료를 진공 포장해 저온의 물 속에서 천천히 익히는 수비드는 재료의 수분 손실을 막고 부드러움을 극대화해 현대의 퀴진에서 빠질 수 없는 조리법이다.

"수비드 등 현대의 프렌치퀴진도 손이 많이 간다고 하지만 클래식한 프랑스 요리 또한 손이 많이 가요. 재료 본연의 맛을 섬세하게 뽑아내기 위해 여러 가지 테크닉이 동원되는 것이 프랑스 요리의 특징입니다."

사프란 버터를 발라 촉촉하게 구운 닭가슴 살에 쥐와 콩디망이 아름답게 접시에 장식되어 선뜻 포크를 대기가 망설여진다. 은은한 소스의 맛은 닭고기와 절묘한 조화를 이루고 닭가슴 살이 맞나 싶을 정도로 하나도 퍽퍽하지 않다. 껍질은 바삭하고 속은 촉촉한 가운데 사프란의 풍미가 은은하게 고기 전체에 배어 있다. 당근도 육즙을 듬뿍 머금고 있고 레몬 콩피의 산미가 악센트를 더한다. 접시에 올라간 무엇 하나 너무 튀지도 않고 묻히지도 않으면서 조화를 이룬다. 제대로 훈련받은 최고 수준의 프렌치 셰프는 닭을 요리해도 이렇게 다르구나, 새삼스럽게 감동을 받는다.

닭고기라는 것은 전 세계 어디에서도 대중적인 식재료 또는 가정식의 재료인 터라 파인다이닝에서는 닭을 잘 사용하지 않는다. 고급 음식점에서 닭고기를 내면 사람들이 저렴한 재료를 사용했다고 생각하기 때문이다. 그런데 엘리 셰프는 닭에 복잡한 테크닉을 다양하게 사용해 파인다이닝의 메인 요리로 손색 없는 음식을 만들어냈다. 셰프에게도 닭은 어머니가 해주던 음식이었는데 어린 시절부터 자연스레 보고 배운 프랑스의 전통 요리법과 파인다이닝 퀴진의 섬세한 조리법을 응용해 새로운 음식으로 재창조한 것이다.

배고픔을 잊기 위해 먹는 음식이 아닌 맛을 위해 먹는 미식의 정점, 한국의 궁중요리와 프렌치퀴진은 우리에게 닭이라는 식재료에 대해 새로운 시각을 제공한다. 흔하고 대중적인 재료여도 어떻게 조리하느냐에 따라 그 가능성은 무궁무진하다는 것, 오히려 스테이크나 랍스터 등 파인다이닝에서 메인디시로 사용하는 고급 식재료는 지금보다 도전할 거리가 많지 않다. 하지만 껍질과 살이 분리되고 각기 부위별로 맛이 다르며 그 모든 부위를 한번에 맛볼 수 있는 닭. 붉은 육류에 비해 개성이 약해 하얀 캔버스처럼 무엇이든 그리기 좋은 닭이야말로 미식가들과 셰프가 도전할 새로운 영역 아닐까?

해외 셰프들의
한국 닭 요리 대담

한국 닭 요리 탐험의 두 번째 주인공은 일본의 와다 셰프였다. 닭의 모든 부위의 맛을 야키토리라는 구이법을 통해 최고의 경지로 한 차원 끌어올린 레스토랑 버드랜드의 오너였기에 한국의 닭 요리에 무언가 특별한 발언이 가능할 것 같았다.

공항에서 만나 와다 셰프와 곧장 광장시장으로 향했다. 거대한 순대와 새빨간 떡볶이, 그 자리에서 녹두를 갈아 부치는 빈대떡, 오징어순대 등 시장의 음식 하나하나에 셰프는 관심을 보인다. 음식으로 가득 찬 골목을 지나며 하나씩 시식하던 셰프의 눈을 사로잡은 것은 머릿고기와 닭발을 파는 노점이었다.

"이게 머릿고기인가요? 신기해요. 일본에서도 내장구이 전문집에서 돼지의 머리 부위를 꼬치에 끼워 구워 먹는 게 요즘 인기예요. 이건 새우젓을 찍어 먹으니 맛있네요."

탱탱한 돼지껍데기를 맛본 뒤엔 빨간 닭발이 보기와 달리 전혀 맵지 않다고 신기해하며 잘 먹는다.

"일본에서는 닭발을 잘 먹지 않아요. 수준 높은 중화요리집에서 쓰기는 하지만 흔히 볼 수는 없죠. 그리고 이렇게 뼈가 없는 닭발은 처음 봐요."

시장에서 가볍게 한국 거리 음식을 맛보고 요기를 한 뒤 젓갈 가게에서 낙지젓갈과 창자젓갈까지 산 와다 셰프와 본격적인 식사 장소로 이동을 했다.

우리가 간 곳은 동대문의 '닭한마리' 골목, 30년이 넘은 전통의 닭한마리 집에 들어가 자리를 잡고 앉았다. 닭한마리는 그 직설적인 네이밍에서 알 수 있듯이 닭 한 마리를 통째로 먹는다는 심리적인 포만감이 큰 음식이다. 서민은 잘 구경조차 못하던 귀한 닭, 1970년대 케이지 양계가 도입되며 수급이 혁신적으로 늘어나 닭고기가 대중적인 재료가 되었지만 당시나 지금이나 닭고기는 한국인에게 가난했던 시절 동경했던 음식으로서의 특별한 지위를 갖고 있다. 그 닭 한 마리를 통째로 끓여 먹는 요리이자 닭고기부터 칼국수 사리까지 냄비 하나에서 코스가 완성되는 요리다. 와다 셰프는 자리에 앉자마자 나오는 양푼의 크기에 먼저 놀란다.

"이렇게 마늘이 듬뿍 들어가나요? 한국이 마늘을 많이 먹는 것은 알고 있지만 이렇게 박력 있게 들어가는 것은 놀랍네요."

육수가 가득 채워진 양푼에 닭을 통째로 넣고 고춧가루와 마늘을 듬뿍 올려 상에서 끓이는 닭 한 마리, 셰프는 이미 한 번 맛을 낸 닭 육수에 다시 닭과 양념을 더해 한 번 더 끓여 맛을 내는 조리법을 흥미로워했다.

"일본에서는 토란이나 당근과 닭을 한 번 지진 뒤 조리는 치

쿠젠니가 대중적인 닭고기 요리예요. 그리고 전골요리인 미즈타키, 타래에 굽는 데리야키 등을 많이 먹어요. 치킨카츠도 많이 먹고 가라아게는 원래도 대중적인 요리였지만 특히나 요새는 더 유행이에요. 그런데 생각해보면 한국과 같이 매운 닭 요리는 없는 듯해요."

일본에서 닭은 원래 저렴하고 대중적인 식재료지만 최근 들어서는 지도리(토종닭) 등 특별한 닭에 대한 관심이 높아지고 그 닭을 이용해 고급스럽게 요리하는 곳들이 생겨나면서 대중적인 닭고기 요리와 고급 음식으로서의 닭 요리를 하는 곳으로 미식의 장소가 나뉘고 있다고 한다.

"한국 요리는 강렬하고 진한 맛의 이미지가 강했는데 실제로 먹어보니 반드시 무언가 순한 맛이 들어 있어요. 닭한마리도 국물의 맛 자체는 마늘향이 많이 나고 진하지만 닭고기 자체는 순하고 자리에서 직접 익혀 먹으니 오버쿡 하지 않고 딱 좋은 익힘일 때 먹을 수 있어서 좋아요."

야키토리 전문 셰프답게 한국의 닭 요리에 지대한 관심을 보이는 와다 셰프를 엘리 셰프와 함께 여의도의 한 포장마차로 초대했다. 프랑스와 일본을 대표하는 셰프 그리고 한국의 음식 다큐멘터리 감독인 나까지 세 나라의 음식 전문가가 포장마차의 테이블에 둘러앉았다. 우리가 간 포장마차에서 유명하다는 닭발부터 주문했다.

"지금까지 먹은 닭발은 열을 가해 콜라겐의 말캉한 질감을 살린 것이었는데 어제 오늘 먹는 닭발은 식어 있어서 씹는 맛이 나는 게 좋네요. 그리고 새빨간 외관과 달리 그렇게 맵지 않아 질리는 느낌이 없어요. 일본에서는 조류독감 같은 병을 예방하기 위해서 닭의 발을 버리는 경우가 많아 닭 한 마리를 사도 닭발은 제거되어 오기 때문에 닭발을 요리할 기회가 별로 없어요."

"프랑스에서는 닭발로 육수를 내는 경우가 있어요. 닭발의 젤라틴이 육수를 더 진하게 만들어주거든요."

닭발을 안주 삼아 소주를 주거니 받거니 하던 와다 셰프는 짠맛 위주의 안주와 술을 먹는 일본에 반해 한국의 소주는 매운 맛과 더 잘 어울린다고 한다.

"닭발도 더 매워도 될 것 같아요. 어제 먹은 닭한마리도 매운 국물이 소주와 잘 어울렸어요."

"저도 아내와 한국에 와서 치킨과 술의 조합에 눈을 떴어요. 공원 등에서 프라이드치킨에 맥주를 마시는 문화인 '치맥'에 푹 빠졌죠. 프랑스에서는 테라스나 열린 공간이 딸린 레스토랑은 있지만 그 외의 바깥, 길거리 등에서 술을 마시는 건 불법이에요. 그런데 최근에는 시장의 거리 음식이 유행하고 있어요. 몇 년 안 된 새로운 트렌드죠."

프랑스에서는 와인이나 맥주 등의 술안주로 여러 고기의 살이나 부속물을 가공한 샤퀴테리charcuterie 류를 많이 먹는데 닭고기를 이용한 샤퀴테리에는 닭고기 리예뜨rillette가 있다. 리예뜨는 고기를 잘게 갈아 기름 등을 더해 수프레드 형식으로 만든 것. 하지만 우리나라나 일본만큼 안주 문화가 발달하지는 않았기에 닭고기를 술안주로 먹는 일은 흔치 않다.

"와다 셰프는 자신의 레스토랑에서 일본의 토종닭인 '오쿠쿠지마샤모'를 씁니다. 엘리 셰프는 요리에 어떤 닭을 즐겨 쓰나요?"

"한국에서는 3~4개월 된 방목 닭을 공수해서 써요. 프랑스에서는 조금 더 다양한 품종의 닭고기를 구할 수 있는데 최고로 치는 건 리옹에서 온 닭가슴 살이에요. 프랑스에서는 집에서 직접 닭을 키우는 요리사들도 꽤 있어요."

곧이어 포장마차에서 빠질 수 없는 메뉴, 닭모래집볶음이 상으로 올랐다. 와다 상의 닭모래집이 껍질을 벗겨 부드러운 식감을 냈다면 한국의 닭모래집은 쫄깃쫄깃한 맛을 살린다.

"닭모래집의 이미지라고 한다면 이 쫄깃한 식감을 먼저 떠올리잖아요, 사실 이건 바깥 껍질의 딱딱함이라 안은 부드럽기 때문에 저는 밖을 제거하고 구워요. 하지만 한국인이 닭모래집을 먹는 이유는 이 식감 때문일 수도 있겠네요."

일본에서도 닭모래집은 싼 식재료라 대학 시절 닭모래집에 셀러리를 볶아 술안주로 즐겨 먹었다는 와다 셰프는 닭모래집의 이미지 재고를 위해 식초와 맞춰보는 등 새로운 시도를 해보는 것도 좋을 것 같다는 제안을 했다. 엘리 셰프 역시 한국 요리에서 그 존재감이 적은 산미를 요리에 어느 정도 더해보는 것도 좋은 것 같다는 데 동의했다.

"찜닭도 먹어봤는데 맛 자체는 좋았지만 저에게는 단맛이 강했어요. 그리고 단맛을 조금 줄이고 산미를 더하면 어떨까 생각해보았거든요. 한국에서 먹은 닭 요리 가운데 가장 좋은 것은 역시 궁중음식연구원의 한복려 선생님이 해주신 칠향계예요. 일곱 가지 향신료를 넣는 것과 중탕으로 국물을 만들어내는 요리 방법이 매우 흥미로웠어요. 국물에 은은하게 향이 배어 있고 살이 촉촉한 것도 매우 좋았고요. 닭의 맛을 잘 느낄 수 있었고 전통의 요리를 먹을 수 있어서 좋았어요. 저는 전통 요리는 그 레시피를 그대로 지키는 것이 중요하다고 생각하지만 새로운 모험을 하는 젊은 요리사라면 그런 전통 음식을 응용해서 레몬이나 오렌지 등 시트러스 계열의 맛을 약간만 첨가하거나 허브를 넣은 듯 신선한 느낌을 불어넣어도 좋을 것 같아요."

와다 셰프는 한국에서 뽑은 최고의 닭 요리로 '닭한마리'를 이야기했다.

"엄나무나 대추 등을 넣은 닭 육수에 다시 한 번 닭을 끓여 다른 재료의 맛이 은은하게 배어들도록 하는 것이 인상적이었어요. 닭의 맛을 해치치 않는 선에서 향을 낸다는 점이요. 닭의 육수를 그런 식으로 만들 수도 있구나 하는 영감을 주었어요. 일본의 경우에 닭은 전부 가슴살, 다리살 등 부위별로 해체해 요리하지만 한국에서는 닭을 통째로 먹기 위해 여러 방법을 쓴

다는 것이 흥미로워요."

한국의 치킨 요리라고 하면 프라이드치킨만을 생각하는 이들도 많지만 해외에서 온 두 셰프는 전통이 있는 우리 닭 요리의 훌륭한 점을 다시 한 번 생각하게 했다. 인류에게 고기는 요리 테크닉을 발전시키게 한 원동력이다. 그 부위별로 다른 맛과 어떻게 조리하느냐에 따라 질감과 맛이 천차만별로 달라지는 까다로운 식재료는 인류에게 도전정신과 창의성을 불어넣었다. 우리나라는 현재 프라이드치킨이나 찜닭, 닭갈비, 닭볶음탕 등 몇 가지 닭 요리가 대중적인 인기를 독차지하고 있다. 한국식 치킨이 세계로 뻗어나가고 있는 상황에서 우리의 전통적인 요리법에 참신한 시각을 더한 새로운 닭 요리가 나올 시점이다.

한국식 닭 요리의 레시피를 토대로 한 실험적인 시도들이 활발한 곳이 있다. 바로 미국이다.

미국

AMERICA

에드워드 리의
한국식 더티치킨

2000년대 들어 일본 음식이 미국 셰프들 사이에서 초미의 관심과 추앙의 대상이 되었듯이 한식 열풍이 미국의 주방을 들썩이게 하고 있다. 애국주의적인 과장이 아니라 실제로 그러하다. 한국계 주민이 많지 않은 도시의 레스토랑 메뉴에서도 '킴치'를 활용한 음식을 발견하는 일이 잦다. 다양한 한식 메뉴 가운데 가장 주목을 받고 인기를 끄는 것이 바로 한국식 프라이드치킨이다. 이런 트렌드에는 한국계 미국 요리사들이 중심에 있다. 한국식 양념치킨에 감각적인 터치를 더해 고급 레스토랑의 메인 디시로 끌어 올린 한국계 요리사들 가운데 최근 화제가 되고 있는 셰프는 바로 레스토랑 '서코티시Succotash'의 에드워드 리다.

서코티시 레스토랑은 과거 큰 은행이었던 에쿼타블 뱅크 빌딩에 자리 잡고 있다. 웅장한 외관과 높은 층고, 그리스 부흥기식 건축물이 풍기는 압도적인 분위기 속에 감각적인 인테리어가 뉴요커의 핫플레이스에 왔다는 느낌을 주었다.

한국에서 태어난 에드워드 리는 한 살 때 부모를 따라 뉴욕으로 이민 와 대학을 졸업하고 스물다섯 살, 뒤늦은 나이에 요리를 시작했다. 뉴욕 유수의 레스토랑에서 경력을 쌓던 그는 돌연 남부 음식의 매력에 빠져 2004년 루이빌로 이주, 남부식 음식을 내는 레스토랑 '610매그놀리아'를 열어 금세 남부인의 입맛을 사로잡았다. 한국인 이민자로 평생을 뉴욕에서 산 그가 남부인의 입맛을 사로잡고 2010년엔 유명 요리 경연 프로그램인 〈아이언셰프〉에서 우승하며 30대에 스타 셰프 반열에 오른다.

"원래 남부에는 1년만 있을 생각이었는데 어쩌다 보니 15년을 지내게 되었어요. 루이빌은 남부 문화와 중서부 문화의 가장자리에 존재해 제 스타일을 가미한 모던한 남부 음식을 선보이기에 최적의 장소였어요. 남부면서도 완전히 남부는 아니었거든요."

우리가 서코티시 레스토랑을 찾았을 때는 오픈한 지 막 3주 차, 에드워드 리 셰프는 한눈에도 지치고 피곤해 보였다. 셰프보다는 학자나 엔지니어 등이 어울릴 것 같은 이미지의 그는 벌써 뉴욕의 명물이 되고 있는 서코티시 레스토랑을 세팅하는 데 정신이 없었다. 1200파운드의 남부식 대형 스모커와 튀김기, 켄터키산의 150종류가 넘는 버번 위스키, 슬러시 기계를 사용한 크래프트 위스키 등은 그가 이곳에서 어떤 요리를 선보일지를 보여준다.

서코티시는 가벼운 남부 요리를 고급스럽게 풀면서도 감각적이고 편안한 식사 공간을 표방한다. 주방 스태프만 24명, 홀 스태프는 100명에 이르는 거대한 공간에 대중적인 음악, 최근 유

행하는 고급스러운 음식이지만 무게 잡지 않고 즐길 수 있는 파인다이닝의 형태다. 레스토랑의 이름인 서코티시는 본래 와플과 치킨을 같이 먹는 남부 음식의 명칭으로 이 식당에도 와플과 치킨 메뉴가 있다.

"남부에서 굉장히 인기 있는 음식이에요. 그런데 사실 서코티시는 남부 흑인의 음식은 아니었어요. 뉴잉글랜드에서 온 아메리칸 인디언의 음식이었죠. 저는 한 장소에서 서로 다른 문화의 음식이 섞여드는 것이 정말 흥미롭다고 생각해요. 서코티시는 정해진 레시피가 없어요, 모두가 저만의 레시피를 가지고 있죠. 제가 하는 일도 이것과 비슷하다고 생각해요. 전통적인 남부 음식은 아닐지라도 제 방식의 남부 음식인 거죠. 맞거나 틀린 게 아니라 제 방식의 맛을 내는 거예요."

그가 하는 요리도 역시 문화적 선들을 가로지르는 일, 그는 남부 출신이 아니지만 남부 음식을 요리하고 한국에서 자란 기억이 거의 없지만 한국적인 맛을 가미한 메뉴를 워싱턴 한복판에서 낸다. 서코티시의 대표 메뉴인 '더티치킨'은 남부식 프라이드치킨에 한국의 고추장을 이용한 소스를 결합했다.

"한국의 양념치킨에 들어간 고추장 양념에서 힌트를 얻었어요. 한국식 고추장 소스와 미국식 바비큐 소스를 섞었죠. 이걸 저희는 더티소스라고 부릅니다. 손으로 집어 입과 손에 묻히며 먹는 음식 앞에 미국에서는 '더티'를 붙여요."

에드워드 리는 24시간 동안 재운 닭고기에 파프리카 파우더와 밀가루, 몇 가지 비밀 재료를 섞은 튀김옷을 입혀 튀긴 뒤 다시 더티소스와 고추장 버터에 버무린다. 고추장 버터는 버터에 고추장을 배합해 아이스크림처럼 부드러운 질감으로 만든 것으로 서코티시 레스토랑에서 다양하게 사용된다. 매콤달콤한 맛의 고추장 소스를 묻힌 치킨 위에는 블루치즈가 올라간다. 고추장의 향이 확 풍기는 더티치킨, 달콤한 양념 치킨과 블루치즈의 조화가 뛰어나다. 몇 년 전 이탈리아로 촬영을 갔을 때 치즈를 직접 만들어 사용하는 것으로 유명한 레스토랑의 셰프가 고추장을 넣어 숙성한 치즈의 맛을 보여줬던 일이 기억난다. 당시에도 고추장과 치즈의 조화가 이렇게 훌륭하다니, 놀랐다.

"고추장은 정말 훌륭한 재료예요. 맵지만 맵기만 한 것이 아니라 달콤하면서도 특유의 풍미와 감칠맛이 있고 매끄러운 점도도 있어서 계속해서 먹고 싶게 되죠. 저희 레스토랑에서는 고추장을 여러 요리에 활용해요. 고추장 버거도 있고 스테이크에도 고추장 소스가 곁들여져 나가죠. 당근 주스에도 고추장이 약간 들어가요."

무조건 맵기만 한 가학적인 매운맛이 아닌 '맛있게 매운' 한국의 고추장, 한국식 양념 프라이드치킨의 인기 비결은 고추장 때문이라고 해도 과언이 아니다. 고추장의 맵고 달콤한 맛과 닭고기의 조합은 그 누가 먹어도 중독될 만한 맛, 어쩌면 한국인은 달고 매운 맛과 닭고기가 잘 어울린다는 것을 가장 먼저 깨닫고 일찍이 발달시킨 민족일 것이다. 닭갈비나 닭볶음탕을 생각해도 그렇다. 우리의 장이라고 하는 된장과 간장, 고추장 가운데서도 고추장은 세계 어디에서도 비슷한 것을 찾아볼 수 없다. 일본과 중국, 동남아시아 등지에 있는 간장이나 중국에 비슷한 것이 있는 된장과 달리 달짝지근한 매운맛, 매끄럽게 빛나는 느낌을 지닌 것은 고추장이 유일무이하다. 한국식 갖은 양념이나 고기 등의 부재료를 섞기도 좋고 물에도 잘 녹아들며 에드워드 리와 같이 바비큐 소스와 섞는 등 다른 나라 소스와의 궁합도 좋다.

"서양인은 김치를 어떻게 먹는지도 몰라요. 그들에게 전통 한식만을 알리고 고집하기보다는 서구 요리에 한국의 식재료를 활용하도록 이끄는 것이 중요합니다. 한식 레스토랑을 만들기는 힘들어요, 실제 그 수도 적고요. 하지만 고추장이나 이를 이용한 한국 양념치킨이 인기를 끈다면 한식당이 아닌 곳에서도 그 요리를 볼 수 있게 될 거예요. 지금 미국인에게 한국 음식하면 떠오르는 세 가지를 말하라고 하면 바비큐, 고추장, 김치일 거예요. 그런데 이것들도 다 근대에 나온 발명품이잖아요. 그래서 한국 음식의 전통이 무엇이냐, 정의할 수 없어요. 전통이란 변화해가는 것이라고 생각합니다."

서코티시 레스토랑에는 멋지게 차려입고 온 연예인, 셀러브리티, 뉴욕의 미식가들이 가득하다. 그들이 손과 입에 소스가 묻는 것을 마다하지 않고 한국식 고추장 양념이 더해진 더티치킨을 먹는 것을 보면 생경한 기분이 든다. 치킨이라는 식재료 자체도 파인다이닝에서는 잘 쓰이지 않는 재료인데 서민의 음식을 대변하는 프라이드치킨을 고급 레스토랑의 가격과 서비스로 제공을 한다. 사람들은 앞다투어 서코티시에 와 에드워드 리의 더티치킨을 맛보고 싶어 한다.

에드워드 리의 역사와 경험을 담아낸 것은 다름이 아니라 치킨이었다. 굽거나 튀기거나 찌거나 어떤 방식으로도 조리할 수 있고 자메이칸 저크식 향신료, 일본식 간장 양념, 멕시칸식 치포틀레 소스에서 한국식 양념까지 어떤 나라와의 소스와도 잘 어울리고 누구나 좋아하는 치킨. 치킨은 어디에나 있는 가장 대중적이고 흔한 식재료지만 또 역설적으로 자기 자신을 가장 잘 드러낼 수 있는 식재료기도 하다.

"이곳엔 많은 미식가와 연예인이 옵니다. 음식과 서비스의 수준이 완벽해야 하죠. 그러기 위해서는 재능과 성실함, 끊임없는 공부가 필요합니다. 하지만 무엇보다 중요한 것은 자신만의 철학이 있어야 한다는 겁니다. 자신이 하고 싶은 것을 골라 자신감 있게 내놓아야 해요. 저는 음식이 자신의 역사와 경험을 담아내는 하나의 표현이라고 생각하거든요."

할렘의 새로운 바람,
레드루스터

한국식 치킨의 가능성에 관심을 갖는 이들은 데이비드 리 같은 한국계 셰프들만이 아니다. 뉴욕의 할렘에 주목할 만한 한 셰프가 있다. 최근 할렘에서 가장 핫하다는 레스토랑 '레드루스터Redrooster'의 마르쿠스 사무엘손이다.

밤의 정적을 찢는 사이렌 소리와 총소리, 할렘하면 많은 이들은 마약쟁이들이 득실거리는 범죄 소굴을 떠올린다. 비단 할렘뿐 아니라 뉴욕 자체도 1970~80년대에는 강력범죄율이 높고 밤에 걸어 다니기 무서운 '공포의 도시'로 불렸다. 그러니 그 안에서 할렘은 범접하지 못할 곳, 동양인 관광객에겐 방탄 버스를 타고 스쳐 구경해야 하는 곳이었다. 그런 할렘이 최근 젊은이에게 '힙한 곳'이라는 새로운 이미지로 변하고 있다.

할렘의 중심 125번가는 농구스타 매직 존슨이 세운 대형 쇼핑몰과 트렌디한 카페들로 채워지고 있고 몇 년 전에는 대표적인 유기농마트 체인 홀푸드가 오픈했다. 할렘이 더 이상 패스트푸드와 인스턴트푸드로만 가득 찬 지역이 아님을 전적으로 보여주는 신호다. 뉴욕의 새로운 핫플레이스로 각광받고 있는 할렘. 골목마다 들려오는 재즈와 소울 뮤직의 선율, 오래된 건물 담벼락을 화려하게 장식하고 있는 힘이 넘치는 그래피티 벽화들, 호기심 가득한 여행객들의 행렬은 이제 이곳이 어둠의 거리에서 활기 가득한 문화의 거리로 변모하고 있음을 알린다.

이런 큰 변화를 선도하는 곳 가운데 하나가 레스토랑 레드루스터. 차에서 내려 레스토랑을 찾아가는 길, 인근 학교의 정원에서 한 무리의 성가대 아이들이 노래를 부르고 있는 걸 발견했다. 발을 구르고 박수를 치고 어깨춤을 추며 흥이 넘쳐서 노래를 부른다. 그 모습이 너무 좋아 약속 시간이 코앞인데도 걸음을 멈추고 한동안 지켜보다가 다시 발길을 재촉한다.

커다란 수탉 붉은 네온사인이 전면에 걸린 가게. 흥이 넘치는 할렘의 기운이 느껴졌다. 안으로 문을 열고 들어가자 마르쿠스 사무엘손이 반갑게 인사를 한다.

레드루스터의 셰프 마르쿠스 사무엘손은 현재 뉴욕에서 가장 유명한 셰프로 에티오피아에서 태어나 갓난아기 시절 어머니를 결핵으로 잃고 고아가 되어 스웨덴으로 입양됐다. 스웨덴에서부터 요리를 시작한 그는 일본, 스위스, 프랑스 등을 거쳐 미국의 TV 요리쇼에서 우승, 미국 할렘에 자신의 뿌리인 아프리카 음식을 현대적인 방식으로 푼 레스토랑을 오픈하며 순식간에 스타 셰프가 되었다. NBA 스타와 힙합 뮤지션 등 세계적인 셀러브리티가 그의 레스토랑 단골이며 그도 여러 방송에 출연하는 셀럽 셰프다. 오바마 대통령 시절 백악관 초빙 셰프로 국빈

만찬을 주관해 '오바마의 셰프'로 불리기도 한다.

　뉴욕, 아니 미국에서 가장 많은 이의 입에 오르내리는 사무엘손의 레드루스터는 들어가는 입구부터 붉은 닭의 사인이 걸려 있다. 재즈 빅밴드의 음악이 흘러나와도, 힙합 뮤지션의 음악이 쏟아져 나와도 모두 어울릴 듯한 트렌디하면서도 아프리카의 정서를 담은 인테리어, 오픈 주방과 홀, 바로 구성된 내부는 단박에 할렘의 이미지를 감각적으로 바꾼다. 그에게 할렘에 레스토랑을 연 이유를 물었다.

　"뉴욕에서 할렘은 상징적인 곳입니다. 오래된 문화와 역사, 아프리칸 아메리칸의 문화가 꽃피웠죠. 이곳을 장식한 예술품들도 모두 이 지역 예술가들의 것이에요."

　할렘의 문화를 레스토랑에 녹여낸 레드루스터에서는 밤이 되면 할렘을 근거지로 활동하는 힙합 뮤지션, 재즈 뮤지션, 가스펠 뮤지션 등이 공연을 한다. 레드루스터라는 이름 자체도 1940~50년대에 실제 할렘에 있던 동명의 작은 술집에서 따온 것으로 지역 음악가나 정치가, 주민의 사랑방 역할을 하던 곳이다. 사무엘손 셰프의 새로운 레드루스터도 그에 못지않은 사랑방이 되었는데 키스 리처드, 버락 오바마, 빌 클린턴 등이 식사를 했고 세계적인 뮤지션 존 레전드는 이곳에서 공연까지 했다. 이야기를 듣다보니 뉴올리언스의 레스토랑 두키체이스가 떠오른다.

　"뉴올리언스의 두키체이스 레스토랑에도 다녀오셨어요? 정말 잘하셨어요. 저도 두키체이스에 가서 깨달은 바가 많아요.

레아 체이스가 제 롤모델이 되었죠. 그녀는 적게 가졌어도 많이 나누며 누릴 수 있다는 것을 알려주셨어요. 소울, 사랑, 노동을 통해서요. 그녀의 삶과 요리를 저의 삶과 요리에 어떻게 적용할지를 고민하고 레드루스터를 차렸죠. 할렘에 식당을 열어 커뮤니티의 일부가 되고 싶었어요."

아프리카의 뿌리와 현재 자신이 속한 문화를 혼합해 새로운 문화를 만드는 것이 사무엘손 셰프의 목표였다. 스웨덴에서 자란 그는 미국에 오고 나서야 진정한 에티오피아 문화를 배웠다. 그전에는 입양아의 정체성이었다면 워싱턴의 에티오피아 커뮤니티 등을 알게 되고 이곳에 자리를 잡으며 이민자의 정체성을 갖게 된 것이다. 에티오피아 태생에 백인 유러피안 부모님에 유대인 이모와 한국인 사촌도 있다. 6개국에 살았고 현재 미국에서 정착해 살고 있다.

"미국은 이민자의 나라이자 평등, 시민의 권리가 높은 곳이잖아요. 뉴욕에서도 할렘이, 레드루스터가 저를 표현하고 저의 꿈을 펼치기에 가장 적합한 곳이었죠. 저는 남부 음식에서 영감을 받았지만 남부 음식을 그대로 재현하려고 하는 게 아니에요. 맛있는 음식을 먹고 다양한 문화를 느낄 수 있도록 하는 겁니다."

두키체이스를 비롯해 미시시피와 테네시, 앨라배마 등에서 치킨 요리법을 배우고 연구한 그의 시그니처 메뉴는 'Fried Yard Bird'라고 하는 프라이드치킨. 에티오피아의 향신료로 칠리파우더 및 여러 향신료를 혼합해 만드는 베르베르berbere로 치킨을 양념하는 것이 포인트다.

"베르베르는 에티오피아에서는 소금, 후추만큼 중요한 조미료예요. 집집마다 자신만의 선드라이 베르베르를 가지고 있어요. 한국의 고추장이라고 생각하면 돼요. 각 나라의 전통 식문화는 매우 중요하죠. 저는 제가 존재하기 전부터 있던 기법들을 배우고 따르고 싶어요."

자신의 고향인 에티오피아는 물론 한국을 비롯한 세계 식문화에 빠삭한 걸 신기해하자 스마트폰 하나면 지구 반대편 나라의 문화를 그 자리에서 알 수 있는 시대, 각 나라와 문화의 벽이 허물어지고 융합하는 시대에 다른 나라의 문화를 이해하는 일이 얼마나 중요한지를 강조한다. 그는 스마트폰을 손에 쥐고 전 세계를 누비는 젊은 세대를 대표한다.

염지한 닭을 코코넛 우유와 베르베르 등으로 양념해 재운 그는 밀가루와 옥수수를 혼합한 튀김옷을 입혀 기름에 튀긴다. 통마늘과 로즈마리를 넣어 자연스럽게 치킨에 향이 배어들도록 하는 것이 눈에 띈다. 속까지 익도록 충분히 튀긴 치킨은 다시 한 번 고온에서 바짝 튀겨 바삭함을 배가한다.

레드 루스터 최고 인기 메뉴인 이 치킨 요리에 큰 영향을 준 레시피가 있다. 한국식 프라이드치킨이다.

"두 번 튀겨서 바삭하게 만드는 것은 한국의 프라이드치킨에서 배웠어요. 튀긴 뒤에는 꿀과 땅콩, 레드루스터 소스 등을 혼합한 양념을 바르는데 이건 미국 남부의 소울푸드 스타일에 저만의 스타일을 결합한 거죠."

다양한 식문화가 결합된 그의 치킨은 바삭하면서도 은은한 로즈마리 향이 풍겨 트렌디하고 동시에 달달하고 매콤한 남부식 양념이 친숙한 맛을 낸다. 그의 레스토랑에서는 구운 닭도 인기가 많은데 이것은 자메이카의 저크치킨에서 영향을 받은 것이다. 자기만의 스타일을 창조하기 위해서 미국, 한국, 자메이카, 아프리카까지 끝도 없는 이종교배와 실험을 하는 셈이다.

"미국의 흑인 문화에만, 또는 캐리비안 문화에만 매어 있을 필요는 없어요. 단지 아프리카에 기반을 두고 있는 겁니다. 로이 최나 데이비드 장 같은 한국에 뿌리를 둔 셰프들도 그렇지 않나요? 한국계 미국인의 힙합도 그렇고요. 그들은 자신의 뿌리를 현대적으로 접목해 미국 문화에 큰 영향을 미치고 있죠."

"한국 내의 파인다이닝 분야에서도 한식을 접목하는 것이 큰 경향으로 자리 잡았어요. 10~15년 전만 해도 셰프들은 한식에 별로 관심이 없었죠."

"처음에는 외국의 것이 더 좋게 보이죠. 프랑스나 이탈리아 등 말이에요. 스웨덴 요리사들도 모두 프랑스로 요리 유학을 갔었어요. 하지만 지금은 스웨덴의 전통 음식으로 돌아오고 있죠. 한국뿐 아니라 세계 전체가 그런 것 같아요. 다른 나라의 것에 가치를 먼저 둔 다음에야 우리 것을 보게 되는 거죠."

레스토랑을 오픈하고 1년도 안 되어 미슐랭보다 뉴욕에서는 오히려 더 공신력을 인정받는다는 평가인 〈뉴욕타임스〉 별점을 받았고 역시 최단 기간에 최고 별점을 획득한 사무엘손 셰프. 그에게는 단순히 요리 잘하는 셰프 이상의 사회에 대한 통찰력이 있어 보였다. 그런 시도 가운데 하나가 'Harlem Eatup' 페스티벌이다. 할렘 요리사들이 의기투합해서 매년 5월 1만 5000여 명의 사람들이 할렘에 모여 다 함께 음식을 즐기는 대규모 페스티벌을 운영하고 있기도 하다. 한때 위험한 빈민가의 오명을 얻기도 했던 뉴욕의 할렘을 요리를 통해 바꾸어보자는 일종의 도시재생 운동이다. 나는 요리를 통한 도시재생사업을 서울시와 진행하고 있던 차라 그의 행보에 더 큰 관심이 갔다. 레아 체이스를 보고 음식이 도시를, 또 세상을 바꿀 수 있을 거라는 생각을 가졌던 나는, 그도 그런 생각을 가지고 있을 거라는 확신이 들었다.

"한 민족, 문화의 역사는 음식과 함께 있어요. 상대의 식문화를 이해하면 그 사람을 이해할 수 있죠. 그가 돈이 얼마나 많은지, 얼마나 성공했는지를 보는 게 아니라 무엇을 먹는지를 보면 그 사람을 더 잘 이해할 수 있어요. 음식은 커뮤니케이션의 핵심이에요. 그래서 요리사는 사람들에게 새로운 문화를 보여주고 세상을 바꿀 수 있습니다."

닭의 떼루아를
생각하다

요리사에게 닭고기는 화가의 캔버스와 같다.

프랑스의 유명한 미식평론가 브리야 사바랭Jean Anthelme Brillat
Savarin의 말이다. 인도네시아에서 자메이카, 인도와 중국, 이탈리
아, 미국 남부를 거쳐 세계에서 가장 빠른 미식의 중심지 뉴욕
에서 에티오피아의 터치가 가미된 프라이드치킨과 한국 터치가
가미된 남부식 치킨까지 맛보고 나자 그의 말이 가슴속 깊이 와
닿았다. 각 민족의 역사, 문화를 넘어 한 개인의 역사까지 담아
낸 치킨은 그야말로 전 세계의 식문화를 한번에 볼 수 있는 코
드와도 같다.

더 이상 맛볼 치킨 요리가 남아 있을까? 미국 여정을 끝마치
려고 할 때 프랑스의 미슐랭에서 세 개 별을 받은 셰프가 뉴욕
에 가금류 전문 레스토랑을 오픈했다는 기사를 접했다. 전 세계
파인다이닝계의 기초가 되는 프렌치퀴진, 그 본토에서 최고의
영예를 안은 마스터 셰프가 흔하디흔한 닭을 주제로 한 레스토

랑을, 그것도 전 세계 식문화의 격전지인 뉴욕에 내다니 그 레스토랑이 궁금했다. 뉴욕은 요리사의 성지이자 무덤, 모든 요리사가 뉴욕에 레스토랑을 열고 싶어 하지만 대부분이 눈물을 안고 고향으로 돌아가는 곳이다. 소셜미디어에서 소문을 타면 오픈한 지 몇 주 만에 가게 앞에 긴 줄이 늘어서지만 음식이 만족스럽지 못하면 몇 개월 만에 문을 닫아야 하는 비정한 도시, 셰프에게는 콜로세움과 같은 곳에 최고의 자리에 오른 노년의 셰프가 도전장을 내기란 쉽지 않다.

최고의 자리에서 영예로운 은퇴를 할 수 있는 기회를 스스로 버리고 밀져야 본전인 위험천만한 시도를 한 이는 앙트완 베스터만 셰프. 1946년 알자스 북쪽에서 태어난 그는 프랑스의 요리학교를 나온 뒤 스물세 살의 젊은 나이에 레스토랑 '르 브에이젤Le Buerehiesel'을 열고 6년 뒤 미슐랭에서 별 하나를 받는다. 이후 승승장구하며 1994년 미슐랭 별 세 개를 받고 리스본과 비엔나, 뉴욕 등지에서 요리 컨설턴트로 활동하며 명성을 쌓았다. 이쯤 되면 명성을 지키기 위해 은퇴할 만도 한데 노 셰프는 뉴욕이라는 정글에 뛰어들었다. 그가 뉴욕에 낸 레스토랑은 '르코 크리코Le Coq Rico', 수탉이라는 이름에서부터 닭 요리 전문 레스토랑임을 내걸었다.

하얀 닭 깃털이 가득 차 있는 한 쪽 벽면, 가게의 정체성이 드러나는 멋진 인테리어에 감탄하고 있는데 돋보기안경을 낀 노신사가 하얀 셰프복을 입고 등장했다. 푸근한 할아버지 같은 앙트완 셰프, 그가 왜 닭을 주재료로 한 레스토랑을 열었는지가 궁금했다.

"제가 가장 좋아하는 게 닭고기 요리예요. 어린 시절 토요일이면 어머니가 로스트치킨과 프라이, 샐러드를 만들어줬던 것이 아직도 기억나요. 지금껏 수많은 값비싼 식재료를 사용해 요리했지만 그래도 저는 닭고기가 가장 좋았어요."

르코크리코의 가장 큰 특징은 방목해서 120일 넘게 키운 고급 닭만을 사용한다는 것, 국내에서 일반적으로 먹는 닭이 한 달 정도인 것과 상당히 차이가 난다. 메뉴판에는 요리 하나 하나에 쓰인 닭이 어떤 품종인지, 어느 농장에서 어떤 농부 관리에서 자랐는지가 설명되어 있다. 달걀조차 생산자와 알을 낳은 닭의 품종이 표기되어 있다. 와인에 사용되는 포도가 어떤 품종이고 어디에서 자랐는지, 그 포도의 '떼루아'에 따라 맛이 달라지듯 이 가게에서는 사용되는 달걀과 닭고기도 나고 자란 지역을 설명하는 것으로 식재료에 대한 관심과 애정을 드러낸다. 또한 생명에 대한 존중, 동시에 그것을 생산한 생산자에 대한 존중이기도 하다.

"공장식 양계장에서 나오는 닭은 좋지 않아요. 그들은 생명으로 존중받지 못한 채 짧은 생을 살다가죠. 이곳에서는 좋은 삶을 산 닭을 가져다 씁니다. 보통 15~20주가 된 닭은 너무 질기다고 생각하지만 좋은 환경에서 자란 닭이라면 달라요. 그리고 도축할 때도 고통과 긴장을 최소화한 조건에서 하려고 노력하죠. 이런 존중의 마음을 담아 요리하려고 해요."

닭이 자신의 가족, 무리와 같이 삶을 누리다가 인간의 식탁에 오르는 것이 보다 옳다고 믿기 때문에 15~20주는 되는 닭을 사용하는 것이 앙트완의 철학이다. 한국인이 소비하는 닭의 평균 수명이 4~6주인 것을 감안하면 3배 이상으로 긴 편이다. 앙트완의 기준으로 보면 우리는 닭이 아니라 큰 병아리를 먹고 있는 셈이다.

셰프는 동물복지가 고기를 먹는 인간에게도 이로운 것이라고 생각한다. 앙트완조차도 레스토랑 자리를 찾기도 전에 미국 동부 전역의 괜찮다는 닭 사육 농가는 다 찾아다녔다. 닭 품질은 물론 닭이 자라나는 환경이 얼마나 윤리적이고 닭을 위한 것인지를 기준으로 했다. 이곳의 대표 메뉴는 Brune Landaise-120, 먹음직스러운 갈색으로 구운 닭인데 명칭의 120은 120일 된 닭을 사용했다는 것을 보여준다. 일반적으로 120일 된 닭이면 통으로 구웠을 때 굉장히 퍽퍽하기 마련인데 셰프의 닭은 껍질은 바삭하면서도 속은 육즙을 머금은 채 닭고기 본연의 풍미를 지니고 있었다. 구운 닭뿐인데 이렇게 맛있다니, 심플하지만 가장 인상 깊은 닭 요리였다.

많은 요리사들이 좋은 철학을 가지고 있지만 그것을 실천한 테크닉, 혹은 사업 모델을 가지고 있지 못해 이상에 머무르는 경우가 많은데 앙트완의 120일 된 닭 구이를 맛보니 그는 자신의 이상을 현실에 성공적으로 풀어낸 셰프라는 생각이 들었다. 이를 가능하게 하는 것은 마음에 드는 재료를 찾을 때까지 포기하지 않는 지치지 않는 열정과 오랜 세월 쌓아온 셰프의 노련한 기술이리라. 그가 레스토랑에서 선보이는 요리는 고향인 알자

스풍에 자신만의 스타일을 가미한 것, 몇십 년을 주방에서 일했지만 그는 아직도 새로운 테크닉이 있으면 시험해본다.

"우리 주방에서는 우리가 표현하고자 하는 요리에 맞춰 음식을 만들고 있습니다. 저의 문화, 다른 문화의 영향도 받고 다양한 기법들도 시도하고 있어요. 갈수록 국경은 사라지고 있고 요리사들은 일본, 한국 등의 새로운 조리법을 활용합니다. 대표적으로 생선의 맛을 살릴 수 있도록 기절시킨 뒤 조리하는 일본식 방법인 이케지메가 있죠. 일본식 요리를 만드는게 아니라 이런 방법으로 우리의 것을 더 나은 결과물로 선보이기 위한 거죠."

끊임없이 나오는 구운 닭 요리들, 닭을 주제로 하는 레스토랑을 하는 그에게 닭은 어떤 의미일까?

"닭은 절대로 없어지면 안 돼요. 닭을 다른 것으로 대체한다고 해도 달걀은 프랑스 요리에서 없어서는 안 될 존재예요. 이 수란을 드셔보세요."

와인 소스와 함께 내온 알자스식 수란은 비린 맛 하나 없이 노른자의 신선함과 고소함이 살아 있었다. 이 역시 좋은 닭을 찾았기에 가능한 일, 나는 앙트완 셰프의 닭은 어떤 토양과 날씨에서 무엇을 먹고 자라는지 궁금했다.

앙트완 셰프가 닭을 공급받는 곳은 뉴햄프셔의 한적한 시골 마을에 위치한 양계장이었다. 양계장이라 하지만 닭들로 가득 찬 거대한 계사가 있는 것도 아니고 드넓은 잔디밭 위로 닭들이 방목을 넘어 거의 방치된 느낌으로 자유롭게 돌아다니고 있었다. 농장 주인인 브랫은 낮이면 1200여 마리의 닭들이 마음껏 돌아다니도록 울타리도 없는 넓은 평야에 닭을 풀어놓는다. 울타리가 없는 대신 포식자들로부터 닭을 지키기 위해 세 마리의 개가 열심히 농장을 지킨다. 병아리 시절 트레일러에서 자란 닭들은 낮에는 야생풀과 씨앗, 곤충 등을 먹으며 돌아다니다 밤이 되면 누가 시키지 않아도 자신의 집인 트레일러로 돌아간다.

"여기 하얀 닭은 플리머스락Plymouth Rock이에요. 그 뒤에 좀 더 크고 갈색인 건 벅아이Buckeye입니다. 그리고 저기 좀 더 작은 붉은 종은 로드아일랜드레드 종이에요."

브랫이 르코크리코에 납품하는 닭 품종을 소개해준다. 앙트완은 프랑스와 뉴욕을 오가면서도 1년에 많게는 다섯 번은 농장에 와 닭들이 어떻게 자라는지 보고 브랫과 함께 시간을 보내며 신의를 쌓는다.

"르코크리코가 개업도 하기 전에 앙트완이 찾아왔어요. 그는 닭을 키우는 방식에 관심이 많았습니다. 또 미국 혈통인 닭을 원했죠."

르코르리코는 프랑스에서는 프랑스의 닭을 쓰지만 미국에서는 미국 혈통의 닭을 쓴다. 앙트완 셰프가 떼루아를 강조하기 때문이다. 이곳에서 키우는 닭들은 미국에서 200년간 키운 미국 토종닭으로 지금은 생산성이 높게 개량된 닭들에 밀려 일반 마트에서는 구할 수 없다. 미국에서는 1960년대부터 개량종이 일반화하고 닭을 키우는 방식이 공장식 케이지 방식으로 바뀌면서 마트에서 파는 닭의 질감이 부드럽게 변했다.

"지금 미국에서 생산되는 닭들은 빨리 자라나도록 개량되었죠. 생산성을 위해서요. 그런 닭들은 매우 연약해서 바깥에서 키우지 못해요. 움직이지 않고 케이지에 가만히 있죠. 그런 닭은 맛이 없고 밋밋합니다. 우리가 키우는 닭은 그에 비해 느리게 자라요. 그래서 20주나 되어야 도축을 하죠. 풀밭을 온종일 움직여서 살도 단단해요."

인터뷰에서 자신의 닭에 대한 자부심이 가득 느껴졌다. 훌륭한 요리사의 뒤에는 이렇게 좋은 농부들이 있기 마련이다.

자연 속에서 뛰놀고 성숙하여 육질이 단단하고 맛이 꽉 차 있는 닭, 기름진 양념 맛이 아니라 고기 그 자체가 지닌 육향과 풍미를 맛볼 수 있는 닭고기에 주목하는 요리사들과 소비자들이 늘고 있다. 생명을 가진 가축을 자동차나 휴대폰처럼 원가 절감과 이윤 극대화의 공산품 논리로 사육하고 유통할 때 그 역풍은 소리 없이 우리의 밥상과 몸을 망가뜨릴 수 있다.

오랜 세월 우리는 닭에게 생명을 빚져왔다. 이 새가 없었다면 인류의 테이블은 훨씬 빈곤했을지 모른다. 닭이라는 저렴하면서 건강한 동물성 단백질원이 있었기에 고기는 만인의 식탁에 오를 수 있었다. 우리가 닭에게 줄 수 있는 최선의 보답은 무엇일까?

"우리가 닭을 행복하게 해주어야 닭들도 우리를 행복하게 해줄 수 있어요."

노 셰프의 이야기에서 힌트를 얻는다.

나의 뉴욕 치킨 탐험 마지막 방문지는 좀 특별한 곳이었다. 여성 이민자들로 이루어진 공유 주방 'Eat off Beat'. 박해를 피해서 미국으로 온 여성 난민들이 주축이 된 사회적 기업이자 케이터링 업체다.

인류의 식탁을 풍성하게 해준 닭, 세계 이민자들이 모인 '이민자의 주방'에서 각자의 사연을 담은 닭 요리를 만났다. 이곳의 주방에서는 이집트, 이라크, 자메이카 등 제3세계에서 온 난민들이 자신의 가정식을 요리한다. 가장 인기 있는 육류 메뉴는 역시 닭이다.

실크로드의 맛Tales of Silk Road, 신밧드의 모험The Adventures of Sinbad, 라마단의 디저트Ramadan Delights 등 메뉴에는 이국적인 색채가 가득하다. 주로 중동이나 북아프리카에서 온 여성 난민들이 많기 때문이다.

1년 전 세 명의 아이와 함께 미국으로 온 샤샤도 정치적인 이유로 미국에 망명한 난민이었다. 이란에서 살 때 식당에서 일했던 경력을 살려 이곳에서 요리사로 생활하고 있다. 그녀는 치킨 커리처럼 보이는 요리를 만들고 있었다.

"이건 퍼신잔Fesenjan이라는 요리예요. 이란 사람들이 매우 좋아하는 음식이죠."

기름에 다진 양파와 페이스트 형태로 곱게 간 호두를 넣어 볶아 끓이다가 사프란 물과 함께 얼음을 넣는 것이 눈에 띈다.

"얼음을 넣으면 얼음 표면에 호두에서 나온 기름이 굳어서 붙어요. 얼음만 제거하면 되죠."

크림처럼 부드럽게 간 호두의 고소함만을 남기고 느끼함은 없애는 새로운 요리법, 여기에 소금, 설탕, 닭, 석류즙을 더해 끓여낸다. 푹 끓인 퍼신잔은 얼핏 보면 커리 같지만 은은한 사프란의 향에 호두의 고소함, 석류즙의 달콤함이 치킨 살에 배어들어 친숙한 듯 처음 느껴보는 맛이다. 달콤하고 녹진해 커리처럼 밥과 먹기 제격이다.

"케밥이나 고메사지, 제레식폴로 등도 이란의 닭고기 요리예요."

닭고기 요리를 좋아한다는 샤샤는 미국에 오고 난 뒤 허니 머스터드 치킨의 맛에 빠졌다고 한다.

"모든 게 난민으로선 힘들지만 여기서 요리를 하는 일은 좋아요. 모두 제가 한 요리를 좋아했으면 좋겠어요. 이곳에서 사는 게 점점 좋아지고 있어요. 저와 아이들 모두 이곳에서 살 수 있다는 것이 행복합니다."

멕시코에서 온 타냐는 조금 더 친숙한 닭고기 요리를 냈다.

닭가슴 살과 칠레 치포틀레, 토마토, 양파를 넣고 볶아 토스타다에 올려 먹는 띵가토스타다가 그것이다.

"멕시코에는 닭고기를 이용한 요리가 많아요. 화이타, 미치오, 퀘사디아, 후라체, 소페스, 타코, 플라우타스, 콜키타스, 엔칠라다 모두 닭고기로 만들 수 있죠."

주방 한 켠에서 아프리카계 여인들이 요리하는 모습이 보여다가가 한 여자 요리사에게 말을 건넸다. 콩고에서 온 솔라였다. 가정폭력을 피해서 미국에 온 그녀는 뉴욕에 온 지 1년도 안 됐지만 타임스퀘어도 센트럴파크도, 이곳에서 일하는 것도 좋다고 한다.

"뉴욕에서는 콩고의 음식을 팔지 않아서 고향 음식이 그립기는 해요. 고기와 야채가 들어가는 페드마뇨코, 그리고 품부아도 먹고 싶어요."

세계 여러 나라의 음식이 한데 모인 뉴욕이지만 콩고의 음식은 없다며 아쉬워하는 솔라는 대신 자신이 할 수 있는 콩고의 음식을 사람들에게 맛보여주고 싶다고 한다.

"자신 있는 건 콩고식 닭고기 요리예요. 콩고의 음식이라 영어로는 뭐라고 해야 할지는 모르겠어요. 닭과 토마토를 양파, 기름과 함께 볶는 요리예요. 언젠가는 뉴욕에서 큰 콩고 식당을 여는 게 꿈입니다."

중앙아프리카 공화국에서 온 로제는 땅콩버터로 닭고기 요리를 하고 있었다. 아프리카에서는 학교 비서 일을 했지만 어린 시절부터 요리해 미국에서의 첫 직장도 주방 보조였다고 한다.

"까사티 콜로콘도라는 요리예요. 까사는 소스, 콘도는 닭이라는 뜻이죠. 우리나라에서는 요리에 땅콩버터를 많이 써요. 야채와 땅콩버터, 고기와 땅콩버터, 생선과 땅콩버터, 닭고기에도 땅콩버터는 잘 어울리죠."

"중앙아프리카에서는 닭을 많이 먹나요?"

"네, 모두가 뒷마당에서 닭을 키우거든요. 하지만 전쟁 때문에 닭이 많이 사라져서 이제는 해외에서 냉동 닭을 가져와야 해요. 미국에서는 마트에 닭이 쌓여 있으니 축복이죠."

중앙아프리카 공화국, 나이지리아, 이란, 알제리 등 여러 나라에서 온 난민자들의 요리를 한 테이블에 올리니 이국적인 느낌이 물씬 풍겼다.

자신의 고향을 향한 그리움이 짙게 배어든 음식들, 화려한 음식은 아니어도 이들에게는 이 음식이 최고의 음식일 것이다. 『내 영혼의 닭고기 수프』의 가난한 이민자 가정 어린이가 부잣집 친구를 집에 초대하는 이야기가 떠오른다. 어머니는 내놓을 것이 마땅치 않아 집에 있던 닭고기와 빵조각을 넣어 따뜻한 수프를 만들어 대접했고 부잣집 친구는 수십 년이 지난 뒤에 자기 생애 최고의 음식이 바로 그 닭고기 수프였다고 회상한다. 한 민족의 역사와 문화, 한 가정의 그리움이 담긴 닭고기 요리. 세계인에게 닭고기는 그런 따뜻한 추억과 애정이 담긴 음식이리라.

다시 뉴욕의 거리에서

유대인으로 가득 찬 뉴욕의 새벽 거리, 하나님 앞에 자기 죄를 회개해야 하기에 온종일 굶은 이들은 모든 의식이 끝나고 온 가족, 친구들과 함께 정찬을 즐기러 간다. 방금 전 길거리에서 피를 뿜으며 죽어간 닭들은 무료 급식소에 기부된다. 우리는 왜 이 신성한 의식, 사람 대신 죄를 전가하는 동물로 닭을 지목했는지 그 의문을 풀기 위해 랍비를 찾았다.

"욤키푸르는 유대교 달력에서 가장 거룩한 날입니다. 1년 가운데 단 하루, 신께서 모든 죄를 용서해주는 날인 거죠. 우리는 모두 실수를 저지릅니다. 인간이 완벽하지 않다는 사실은 모두 알고 있습니다. 하지만 우리는 다시 시작할 수 있다는 희망이 있습니다. 믿음은 완벽함에서 생기는 것이 아니라 다시 시작할 수 있다는 데서 생기죠. 욤키푸르는 그런 희망의 탄생일인 셈입니다. 요즘 시대는 고기를 대량생산하는 시대죠. 우리는 고기를 먹으면서도 그 고기가 생명의 가치가 있었다는 것을 잊어버릴 때가 있습니다. 동물이 죽는 모습을 볼 일이 없기 때문에 더 그렇죠. 이 의식을 통해 닭이 생명을 가지고 있다는 것을 깨닫게 되고 생명의 소중함을 조금이나마 알게 됩니다. 우리는 그저 배가 고프다는 이유로 고기를 죽이지 않습니다. 도축이라는 행위 하나하나는 신성하죠. 그래서 코셔 의식으로 도축한 고기만 먹습니다. 코셔 의식은 동물들의 목숨을 앗아갈 때 그 고통을 최소화하는 방식입니다."

유대교에서 전해져 오는 이야기가 있다. 아버지와 어린 아들이 같이 숲을 걷고 있는데 아들이 재미로 나무에서 잎을 꺾어 문질렀다. 아버지는 그것을 보고 "너는 무슨 권리로 나무의 잎을 문지르느냐. 생명을 앗아가느냐"했다. 식물도 동물도 그들 나름의 삶이 있고 인간은 그것을 마음대로 앗아갈 권리를 가지고 있지 않다는 것이다.

"그렇다면 하고많은 동물 가운데 왜 닭이어야 하나요?"

"닭은 다른 어떤 동물보다 인간의 운명을 상징하고 있다고 생각합니다. 오랫동안 인간들이 신성한 동물로 여겨온 존재지만 날개가 있어도 날지 못하고 땅에서 평생 살죠. 신에게 다가가고 싶으나 현세의 대지로부터 자유로울 수 없는 인간의 운명과 같지요."

아주 오래전 인간의 울타리로 들어와 가축이 되어주었던 야생의 새, 닭은 우리와 함께 바다를 건너고 대륙의 경계를 넘어 인류의 식탁에서 오늘날 가장 사랑받는 친구가 되었다.

지난 4000년 동안, 인류의 곁에는 닭이 있었다. 날개는 있지만 하늘을 날 수 없는, 그래서 어쩌면 우리 인간의 운명을 닮은 새. 백색의 고기, 닭은 요리하는 인류에게 또 다른 날개를 달아주었다. 닭이 없었다면 인류의 식탁은 지금처럼 풍요로울 수 없을 것이다. 마지막으로 세상의 요리인류를 대신해 닭에게 전하고 싶은 말이 있다.

아름다운 새여,
오늘 밤도 당신은
배고픈 우리의 영혼을
위로해줍니다.

이것만은!
닭과 달걀 체크 리스트

축산물을 살 때

유기축산물

유기농산물에 재배, 생산 기준에 맞
게 생산된 유기 사료를 주면서 인증
기준을 지켜 생산한 축산물

무항생제

항생제, 합성향균제, 호르몬제가 첨
가되지 않은 일반 사료를 주면서 인증
기준을 지켜 생산한 축산물

동물복지

쾌적한 환경에서 동물의 고통과 스트
레스를 최소화한 높은 복지 기준에 따
라 인도적으로 사육하는 농장에 인증

달걀 코드 읽기

① 산란 일자 (4자리)

닭이 알을 낳은 날로 00월 00일로 표기한다.

② 생산자 고유 번호

가축사육업 허가를 받은 농장의 명칭, 소재
지 등을 확인할 수 있는 고정 번호다. 식품안
전 나라 사이트(www.foodsafetykorea.go.kr)
에서 검색하면 농가를 찾을 수 있다.

③ 사육환경 번호

방사(1)는 '동물보호법' 산란계 자유방목
기준 충족시 부과한다.

(1) 방사	(2) 축사 내 평사	(3) 개선 케이지	(4) 기존 케이지
1.1m²/ 마리	0.1m²/ 마리	0.075m²/ 마리	0.05m²/ 마리

11쪽 매거진 <F: 치킨> 포토그래퍼 신동훈

16쪽 매거진 <F: 치킨> 포토그래퍼 박성훈

18쪽 매거진 <F: 치킨> 포토그래퍼 박성훈

20쪽 마음산책 김종민

34쪽 Alamy

51쪽 Alamy

76쪽 국립중앙박물관

100쪽 매거진 <F: 치킨> 포토그래퍼 신동훈

116쪽 Alamy

123쪽 매거진 <F: 치킨> 포토그래퍼 신동훈

126쪽 Alamy

156쪽 Alamy

268쪽 마음산책 김종민

279쪽 마음산책 김종민

288쪽 마음산책 김종민

291쪽 마음산책 김종민

293쪽 마음산책 김종민

296쪽 마음산책 김종민

298쪽 매거진 <F: 치킨> 포토그래퍼 박성훈

330쪽 매거진 <F: 치킨> 포토그래퍼 박성훈

332쪽 매거진 <F: 치킨> 포토그래퍼 박성훈

334쪽 마음산책 김종민

그 외 사진 이욱정